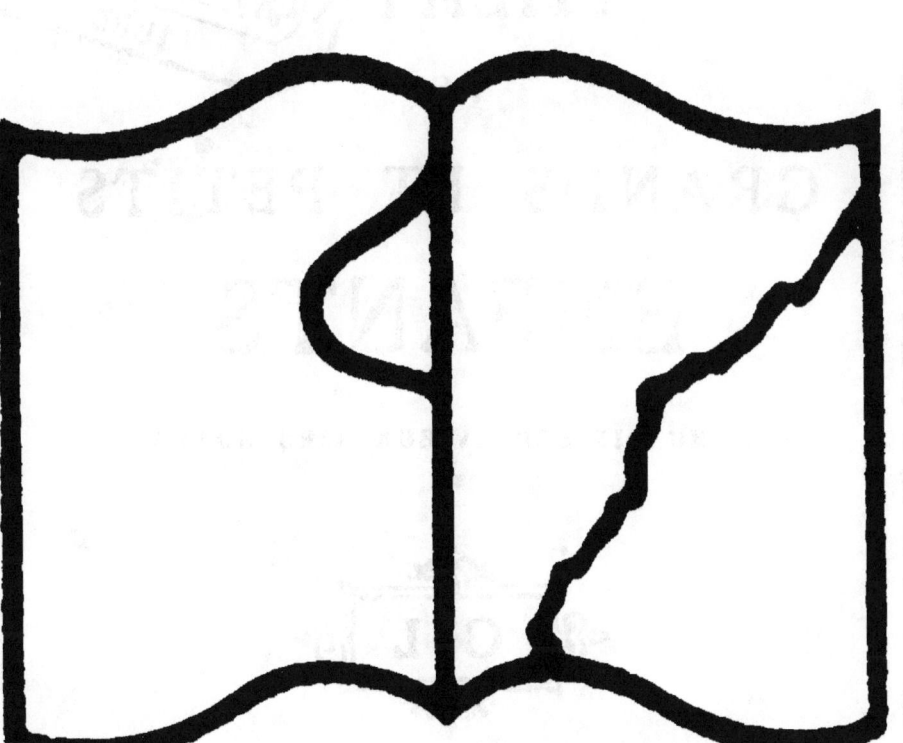

BIBLIOTHÈQUE CONTEMPORAINE

ALBERT LEROY DE LA BRIÈRE

THÉATRE
DES
GRANDS ET PETITS
ENFANTS

AVEC DIX-SEPT VIEUX AIRS NOTÉS

PARIS
CALMANN LÉVY, ÉDITEUR
ANCIENNE MAISON MICHEL LÉVY FRÈRES
3, RUE AUBER, 3

1885

NOUVEAUX OUVRAGES EN VENTE

Format in-8°.

DUC DE BROGLIE
FRÉDÉRIC II ET MARIE-THÉRÈSE, 2 vol. 13 »
VICTOR HUGO
TORQUEMADA, 1 vol.................... 6 »
A. BARDOUX
LE COMTE DE MONTLOSIER ET LE GALLI-
CANISME, 1 vol..................... 7 50
BENJAMIN CONSTANT
LETTRES A MADAME RÉCAMIER, 1 vol. 7 50
LORD MACAULAY
ESSAIS D'HISTOIRE ET DE LITTÉRA-
TURE, 1 vol........................ 6 »
L. PEREY & G. MAUGRAS
DERNIÈRES ANNÉES DE MADAME D'É-
PINAY, SON SALON ET SES AMIS, 1 vol. 7 50

MADAME DE RÉMUSAT
LETTRES, 2 vol...................... 15 »
ERNEST RENAN
INDEX GÉNÉRAL DE L'HISTOIRE DU
CHRISTIANISME, 1 vol............... 7 50
SOUVENIRS D'ENFANCE ET DE JEU-
NESSE, 1 vol....................... 7 50
JULES SIMON
DIEU, PATRIE, LIBERTÉ, 1 vol........ 7 50
THIERS
DISCOURS PARLEMENTAIRES, T. 14 & 15. 118 50
VILLEMAIN
LA TRIBUNE MODERNE, 2 vol.......... 15 »

Format gr. in-18 à 3 fr. 50 c. le volume.

	vol.
J. J. AMPÈRE	
VOYAGE EN ÉGYPTE ET EN NUBIE......	1
TH. BENTZON	
TÊTE FOLLE........................	1
DUC DE BROGLIE	
LE SECRET DU ROI..................	2
F. BRUNETIÈRE	
LE ROMAN NATURALISTE..............	1
CHARLES-EDMOND	
LA BUCHERONNE....................	1
G. CHARMES	
LA TUNISIE........................	1
GEORGES ELIOT	
DANIEL DERONDA...................	2
O. FEUILLET	
HISTOIRE D'UNE PARISIENNE........	1
ANATOLE FRANCE	
LE CRIME DE SYLVESTRE BONNARD.....	1
J. DE GLOUVET	
LA FAMILLE BOURGEOIS..............	1
GYP	
AUTOUR DU MARIAGE................	1
LUDOVIC HALÉVY	
L'ABBÉ CONSTANTIN................	1
CRIQUETTE........................	1
VICOMTE D'HAUSSONVILLE	
A TRAVERS LES ÉTATS-UNIS..........	1
PAUL JANET	
LES MAITRES DE LA PENSÉE MODERNE..	1

	vol.
EUGÈNE LABICHE	
THÉÂTRE COMPLET..................	10
MADAME LEE CHILDE	
UN HIVER AU CAIRE................	1
PIERRE LOTI	
FLEURS D'ENNUI...................	1
MARC MONNIER	
UN DÉTRAQUÉ......................	1
MAX O'RELL	
JOHN BULL ET SON ILE..............	1
E. PAILLERON	
LE THÉÂTRE CHEZ MADAME...........	1
GEORGES PICOT	
M. DUFAURE, SA VIE, SES DISCOURS...	1
A. DE PONTMARTIN	
SOUVENIRS D'UN VIEUX CRITIQUE.....	3
P. DE RAYNAL	
LES CORRESPONDANTS DE J. JOUBERT..	1
G. ROTHAN	
L'AFFAIRE DU LUXEMBOURG..........	1
LA POLITIQUE FRANÇAISE EN 1866....	1
GEORGE SAND	
CORRESPONDANCE...................	4
DE SEMENOW	
SOUS LES CHÊNES VERTS............	1
JULES SIMON	
LE GOUVERNEMENT DE M. THIERS.....	2
E. TEXIER ET LE SENNE	
LE TESTAMENT DE LUCIE............	1
LOUIS ULBACH	
CONFESSION D'UN ABBÉ.............	1

Collection de luxe petit in-8°, sur papier vergé à la cuve.

	vol.
LUDOVIC HALÉVY	
DEUX MARIAGES....................	1
LA FAMILLE CARDINAL..............	1
J. RICARD	
PITCHOUDI........................	1

	vol.
CAMILLE SELDEN	
LES DERNIERS JOURS DE HENRI HEINE.	1
JULES SIMON	
L'AFFAIRE NATY...................	1
***	
LA VIE PARISIENNE SOUS LOUIS XVI..	1

THÉATRE
DES
GRANDS ET PETITS
ENFANTS

Imprimerie de Poisssy. — S. Lejay et Cie.

ALBERT LEROY DE LA BRIÈRE

THÉÂTRE

DES

GRANDS ET PETITS ENFANTS

AVEC DIX-SEPT VIEUX AIRS NOTÉS

PARIS
CALMANN LÉVY, ÉDITEUR
ANCIENNE MAISON MICHEL LÉVY FRÈRES
3, RUE AUBER, 3

1885

Droits de reproduction et de traduction réservés

RIQUET A LA HOUPPE

FÉERIE-VAUDEVILLE EN TROIS ACTES

PERSONNAGES

RIQUET A LA HOUPPE.
LE CHANCELIER DINDONNEAU.
LE ROI PIMBÊCHE.
NIGAUDINETTE.
LA REINE PIMBÊCHE, sa mère.
LA REINE RIQUETTE.
LA FÉE GRACIEUSE.
Première Nourrice.
Deuxième Nourrice.
Troisième Nourrice.
Seigneurs de la Cour, Cuisiniers et Marmitons.

RIQUET A LA HOUPPE

ACTE PREMIER

SCÈNE PREMIÈRE

Le théâtre représente un élégant boudoir, porte au fond, de chaque côté de la porte des banquettes. — Au lever du rideau, les nourrices sont assises sur les banquettes et chantent ensemble.

Air : de *la Bonne aventure*.

La bonne aventure, ô gué !
La bonne aventure !

LA PREMIÈRE NOURRICE, s'avançant sur le devant de la scène.

Nous avons gentil minois
Et bonne tournure,
Nous sommes de premier choix
Pour la nourriture ;
Quand nos marmots ont tété,
Pour eux nous avons été...

ENSEMBLE.

La bonne aventure, ô gué !
La bonne aventure !

LA SECONDE NOURRICE.

On nous comble de cadeaux,
   On ne nous mesure
Ni le vin, ni les morceaux,
   Ni la confiture ;
Tout s'absorbe à la santé
De cet excellent bébé.

ENSEMBLE.

La bonne aventure, ô gué !
   La bonne aventure !

LA TROISIÈME NOURRICE.

En voyant ces nouveaux-nés,
   Chacun se figure
Qu'ils vont être vaccinés ;
   Mais qu'on se rassure,
Nul ne doit être opéré ;
Mais il leur sera tiré...

ENSEMBLE.

La bonne aventure, ô gué !
   La bonne aventure !

PREMIÈRE NOURRICE.

Une simple observation, si vous le permettez, mes commères : les cuisinières se font tirer la bonne aventure ; mais aux princes et princesses, comme ceux que nous avons l'honneur d'allaiter, on leur tire l'horoscope !

TROISIÈME NOURRICE.

En voilà un mot à coucher dehors !

PREMIÈRE NOURRICE.

C'est le langage des cours !...

TROISIÈME NOURRICE.

Pour avoir un si beau ramage, mamie, vous nourrissez un bien vilain oiseau.

PREMIÈRE NOURRICE, avec indignation.

Mon garçon, le rejeton de Riquet premier, roi des Vermisseaux, est un vilain oiseau ? Mais sachez-le bien, jamais vos princesses n'auront un toupet comparable à celui qu'il possédait en naissant ! (Elle enlève le voile de la poupée qu'elle porte et exhibe son visage grotesque.)

TROISIÈME NOURRICE.

Ciel ! Ce n'est pas un oiseau, c'est un singe.

DEUXIÈME NOURRICE, montrant le dos du poupon.

Doublé d'un polichinelle ! (Découvrant le visage de l'enfant qu'elle porte.) Certes, ma fille n'est pas un Cupidon ; mais c'est une beauté à côté de ce petit monstre.

TROISIÈME NOURRICE.

C'est égal, elle n'a pas volé non plus, celle-là, son nom de Laidronnette, si on la compare à sa sœur jumelle, Nigaudinette, ma nou-'s-sonne. (Elle montre une très jolie poupée). Voilà qui vous défrise, à moi le pompon mes commères !

DEUXIÈME NOURRICE.

Ah ! ne fais pas tant ta mijaurée, si la reine Pimbêche t'a donné la plus belle de ses filles et m'a laissé la plus laide, c'est parce que tu lui as consenti un rabais.

PREMIÈRE NOURRICE.

Tout se paye, ma mie, et la vanité plus que toute autre chose.

DEUXIÈME NOURRICE, faisant à la troisième une référence ironique.

Madame se trouvera bien avancée quand elle fera son compte à la fin de sa nourriture.

TROISIÈME NOURRICE, avec impatience.

Ah ! vous m'échauffez les oreilles à la fin !

PREMIÈRE NOURRICE, avec humeur.

Crois-tu que nous nous laisserons mortifier sans nous défendre ?... Tiens, attrape ! (Elle cogne sur la tête du poupon de la troisième nourrice avec la tête de son nourrisson.)

DEUXIÈME NOURRICE, même jeu.

Empoche-moi ça !... (La première et la seconde nourrice continuent à se battre à coups de têtes de poupons dont les cris sont imités dans la coulisse.)

SCÈNE II

LES MÊMES, DINDONNEAU.

DINDONNEAU, accourant tout stupéfait.

Qu'entends-je, que vois-je !... Des nourrices qui jouent au croquet avec les augustes boules de leurs nourrissons ! Arrêtez, malheureuses ! Vous oubliez donc à la fois et le repect que vous impose la majesté de vos marmots et la tenue que vous commande l'endroit où vous vous trouvez ! Souvenez-vous que vous êtes dans le cabinet de consultations de la fée Gracieuse, de la fée sinon la plus puissante, du moins la plus en vogue, car sa spécialité est d'atténuer, dans les limites du possible, les arrêts de la Providence et les sentences de ses collègues. Tenez, moi qui vous parle, moi, Dindonneau, grand chancelier du royaume des Sauterelles, Factoton de la très haute et très puissante reine Pimbêche, je dois à la munificence de la fée Gracieuse d'avoir vu mon nez, jadis par trop camus, se transformer en un gentil petit nez en trompette.

PREMIÈRE NOURRICE.

Ainsi vous lui êtes redevable d'un nouveau nez ?

DINDONNEAU.

Vous l'avez dit ; mais elle a rendu à la reine Pimbêche elle-même un service bien autrement important.

LES TROIS NOURRICES.

Ah ! et lequel ?...

DINDONNEAU.

La pauvre reine, victime comme tant d'autres de la persécution de la fée Carabosse, à laquelle elle avait négligé de faire sa visite du jour de l'an, avait été affligée, de par sa volonté infernale, d'un mari, vieux, laid, jaloux, avare et tatillon, qu'elle devait conserver toute sa vie durant. Désespérée, elle appela à son secours la bonne fée Gracieuse, qui lui dit : « Je ne suis pas assez puissante
» pour vous débarrasser de votre mari par le
» veuvage ou par le divorce, mais je puis vous
» gratifier d'un moyen terme qui vous ren-
» dra la vie conjugale tout à fait suppor-
» table ! »

RIQUET A LA HOUPPE

LES TROIS NOURRICES.

Et ce moyen terme, c'est ?...

DINDONNEAU.

C'est toute une histoire que je vais vous chanter. (Il chante.)

Air : *Ton ton, ton taine, ton ton.*

I

A la reine voici la grâce
Que la fée octroya, dit-on :
Ton ton, ton taine, ton ton.
Le roi ne vit plus qu'à la chasse
Et n'est jamais à la maison,
Ton ton, ton taine, ton ton !

II

Un cerf qui jamais ne se lasse,
Un cerf, ensorcelé, dit-on,
Ton ton, ton taine, ton ton,
Au pauvre roi fait la grimace
Depuis dix-huit mois environ,
Ton ton, ton taine, ton ton !

III

Devant chez lui quand, d'aventure,
Il passe, il avale un bouillon,
Ton ton, ton taine, ton ton.
Il enfourche une autre monture
Et repart comme un tourbillon,
Ton ton, ton taine, ton ton !

IV

Le cerf ne demandant pas grâce,
Lui, voulant en avoir raison,
Ton ton, ton taine, ton ton,
Il court toujours et débarrasse
De cette façon la maison,
Ton ton, ton taine, ton ton !

PREMIÈRE NOURRICE.

Ainsi, cette chasse acharnée durera ?...

DINDONNEAU.

Aussi longtemps que vivra la jeune reine, qui compte aujourd'hui vingt ans à peine.

DEUXIÈME NOURRICE.

Alors, je plains le pauvre roi.

TROISIÈME NOURRICE.

Et moi je plains le fond de sa culotte !

DINDONNEAU.

Bah ! c'est le fond qui manque le moins ! Maintenant de la tenue, mesdames, de la tenue, sans quoi je vous ferai détacher de mon département.

TROISIÈME NOURRICE.

Oh ! monsieur Dindonneau, nous serons bien sages !

DINDONNEAU.

Ah ! ah ! mes gaillardes, vous reconnaissez que vous y perdriez ; car vous savez bien que je n'ai jamais chicané sur les rubans, le savon et la cassonade ?

DEUXIÈME NOURRICE.

Pour cela c'est vrai !

DINDONNEAU.

Alors, silence, car voici venir la fée accompagnée des illustres parents de la marmaille princière que vous avez l'honneur d'allaiter.

SCÈNE III

Les Mêmes, LA FÉE GRACIEUSE, LA REINE PIMBÊCHE, LA REINE RIQUETTE.

(Tous les acteurs, sauf la fée, se mettent sur deux rangs perpendiculairement à la porte du fond et chantent ensemble.)

Air : *Gai, gai, marions-nous.*

Gai, gai, fêtons-la tous,
   Notre fée
   Bien-aimée,
Gai, gai, fêtons-la tous,
La fée aux arrêts si doux !

LA FÉE, entrant en scène.

Gracieuse, assurément,
   N'est ni fière,

Ni sévère ;
Et son plus grand agrément,
C'est que chacun soit content !

ENSEMBLE.

Gai, gai, etc.

LA FÉE.

Je suis plus, évidemment,
Bienfaisante
Que puissante ;
Mais à tout désagrément
Je donne un tempérament.

ENSEMBLE.

Gai, gai, fêtons-la tous,
Notre fée
Bien-aimée,
Gai, gai, fêtons-la tous,
La fée aux arrêts si doux !

LA FÉE.

Merci à vous, princesses et nourrices, j'aurais vivement désiré vous éviter un déplacement ; mais ma clientèle est devenue si nombreuse que j'ai dû renoncer aux prédictions à domicile. Mon cabinet, je vous le rappelle, est ouvert tous les jours de midi à quatre heures du soir ; mais je pronostique par correspondance !

LA REINE PIMBÊCHE, avec effusion.

Oh ! je ne l'ai pas oublié, ma bonne fée,

et je ne vous en exprimerai jamais assez ma reconnaissance !

LA FÉE.

Ainsi, vous êtes satisfaite de l'expédient auquel j'ai eu recours pour établir la bonne harmonie dans votre ménage?

LA REINE PIMBÊCHE.

Oh ! j'en suis ravie; depuis dix-huit mois, mon mari est en selle !

DINDONNEAU.

Et il n'a pas fondu, en dépit de toutes les averses qu'il a reçues. Ah ! ma gracieuse souveraine vous doit une fière chandelle !

LA FÉE, *souriant*.

Comme vous dites cela, monsieur le chancelier ! Auriez-vous à vous plaindre de madame la chancelière?...

DINDONNEAU.

Certainement, la chancelière a du bon, mais elle est toujours à m'épier. . . . . . .

LA FÉE.

Elle est à vos pieds et vous vous plaignez?... Mais il me semble qu'elle tient la place qu'elle doit occuper.

DINDONNEAU.

Vous ne m'avez pas compris, je veux dire qu'elle m'épie, qu'elle est sur mes talons du matin au soir et que s'il vous plaisait de l'envoyer... au marché par exemple, d'une façon permanente, vous me rendriez un inappréciable service !...

LA FÉE, souriant.

Je ne dis pas non, j'examinerai ; mais pour e moment occupons-nous de cette progéniture.

DINDONNEAU, levant les bras au ciel.

Place aux jeunes ! Comme toujours ! la même phrase que me cornent aux oreilles tous les godelureaux ambitieux qui convoitent ma place !

LA FÉE.

Taisez-vous donc, on n'entend que vous. Nous avons, disons-nous, à tirer l'horoscope d'un garçon et de deux filles (A Dieudonneau.) Appelez les numéros !

DINDONNEAU, appelant.

Numéro un !

PREMIÈRE NOURRICE, remettant son numéro.

Présent ! c'est le petiot à madame Riquette !

LA FÉE, prenant le petit Riquet à la Houppe et le tournant
dans tous les sens.

Oh! mais avec un dos pareil, il aurait dû avoir le numéro trois! (A la reine Riquette.) Ah! ma pauvre princesse, où avez-vous pris un pareil phénomène?

LA REINE RIQUETTE, soupirant.

Hélas! j'aurais voulu qu'il fût plus présentable, mais...

DINDONNEAU.

La plus belle mère du monde ne peut donner que ce qu'elle a!

LA FÉE, caressant la houppe du petit Riquet.

Quelle drôle de petite houppe; il faudra l'appeler Riquet à la Houppe!

LA REINE RIQUETTE.

Il sera fait suivant votre désir.

LA FÉE, d'un ton consolateur.

Allons, pauvre maman, ne vous renfrognez pas ainsi; nous ne ferons jamais un Adonis de votre garçon; mais autant il sera disgracieux au physique, autant il sera, au moral, aimable, spirituel et charmant; et il aura tant d'esprit, qu'en vertu du don que je lui confère, il pourra en donner autant qu'il en possédera lui-même à la personne qu'il aimera le mieux !

PREMIÈRE NOURRICE, faisant la révérence en se retirant.

Merci, madame la fée, vous lui avez donné de quoi se dédommager de sa frimousse, et, tenez, on dirait qu'il le comprend déjà rien qu'à la risette qu'il vous fait.

LA FÉE, mettant la main sur la bouche de l'enfant.

Ah ! quelle boîte aux lettres ! Faites-lui fermer cela bien vite !

LA NOURRICE.

Je vais lui donner à téter, c'est le moyen le plus sûr ! (Elle va s'asseoir à l'écart.)

DINDONNEAU, appelant.

Numéro deux !

TROISIÈME NOURRICE, remettant son numéro.

Numéro deux ? Présent !

LA REINE PIMBÊCHE.

Vous pouvez constater que les numéros se suivent et ne se ressemblent pas !

LA FÉE.

En effet, et vous avez le droit d'être fière, ma chère princesse ; vous avez là une ravissante enfant qui, lorsqu'elle sera grande, sera d'une beauté incomparable !... (Changeant de ton et soupirant.) Hélas ! chaque médaille a son revers !

LA REINE PIMBÊCHE, avec anxiété.

Que voulez-vous dire ?

LA FÉE.

Je suis au désespoir d'être obligée de vous apprendre que la princesse Nigaudinette, ici présente, sera aussi stupide qu'elle sera jolie !

LA REINE PIMBÊCHE.

Quel malheur irréparable m'annoncez-vous là ?...

LA FÉE.

Le malheur sera grand sans doute ; mais comme il n'y a rien que je ne fasse pour vous plaire, je gratifie la jeune princesse du don de communiquer la beauté au prince qui plus tard, aurait le bonheur de s'en faire aimer !

LA TROISIÈME NOURRICE, se retirant un peu déconfite.

Console-toi, ma fille, une belle bête a toujours sa valeur ! Ta nounou n'a point d'esprit non plus et elle n'en a pas été plus malheureuse pour ça !

DINDONNEAU, appelant.

Numéro trois !

DEUXIÈME NOURRICE, s'avançant.

Il n'y a pas d'erreur, c'est la seconde jumelle à la reine Pimbêche !

LA FÉE, avec stupéfaction.

Ah ! ma pauvre princesse, les deux ne font pas la paire !

LA REINE PIMBÊCHE, avec confusion.

En effet, celle-ci n'est pas très jolie !

LA FÉE.

Pour parler franchement, on peut dire que c'est un affreux laideron !

LA REINE PIMBÊCHE.

Aussi l'ai-je appelée Laidronnette.

LA FÉE.

Entre nous, c'est le nom qui lui convient ! C'est singulier, ces deux fillettes se sont volées réciproquement avant leur naissance !

LA REINE PIMBÊCHE.

Comment cela ?

LA FÉE.

De la façon la plus simple : l'une a pris toute la beauté et l'autre a accaparé tout l'esprit !

LA REINE PIMBÊCHE.

Ce qui veut dire?

LA FÉE.

Ce qui veut dire que votre Laidronnette sera si pétillante d'esprit qu'elle aura le don de faire oublier sa laideur de tous ceux qui l'approcheront!

LA REINE PIMBÊCHE.

Merci, bonne fée, d'avoir, autant que cela était possible, adouci mes tristesses!

LA REINE RIQUETTE.

Merci d'avoir mis un baume sur mes déceptions maternelles.

LA FÉE.

Mon mérite n'a pas été bien grand; car je me suis bornée à vous apprendre que la Providence, rarement implacable, plaçait toujours une consolation à côté d'une de ses rigueurs. (Elle chante.)

Air : de *la Bonne aventure.*

Toujours équitablement
   Dieu, je vous assure,
Plaisir et désagrément
   A chacun mesure,

n'est si mal partagé
Qui ne soit dédommagé !

   TOUS ENSEMBLE.

La bonne aventure, ô gué !
La bonne aventure !...

FIN DU PREMIER ACTE

ACTE DEUXIÈME

Le théâtre représente une allée de forêt.

SCÈNE PREMIÈRE

LA REINE PIMBÊCHE, LA REINE RIQUETTE, DIN-DONNEAU, NIGAUDINETTE, Jeunes seigneurs de la cour.

(Au lever du rideau, ils sont tous assis à droite de la scène au pied d'un grand chêne, terminant un déjeuner champêtre. Ils chantent tous ensemble.)

Air : des *Gueux*.

Au bois,
Au bois,
Les déjeuners froids
Font plaisir aux rois,
Comme aux bourgeois !

LA REINE PIMBÊCHE.

Dans le bois, plus d'étiquette,
D'intrus pour vous épier,
On y remplace l'assiette
Par un morceau de papier !

ENSEMBLE.

Au bois,
Au bois, etc.

DINDONNEAU.

Le veau froid et la salade
Forment le fond des menus,
Jusqu'à s'en rendre malade
Chacun peut taper dessus !

ENSEMBLE.

Au bois !
Au bois, etc.

NIGAUDINETTE.

On est tous assis par terre,
Les genoux sous le menton,
De temps en temps dans son verre
On repêche un hanneton !

ENSEMBLE.

Au bois,
Au bois, etc.

LA REINE RIQUETTE.

Si quelquefois la piquette
Vous trouble un brin la raison,
D'une voix plus guillerette,
On entonne une chanson !

ENSEMBLE.

Au bois,
Au bois,
Les déjeuners froids
Font plaisir aux rois
Comme aux bourgeois.

DINDONNEAU.

Ce qui me plaît surtout dans ces parties

champêtres, c'est qu'elles me débarrassent de ma femme. Madame Dindonneau a une telle terreur des chenilles, que dès que je lui parle d'un déjeuner sur l'herbe...

NIGAUDINETTE, *l'interrompant.*

Elle vous envoie paître ?...

DINDONNEAU.

C'est cela, elle m'envoie... (*Changeant de ton.*) Ah ! mais, savez-vous que vous n'êtes pas polie !...

LA REINE PIMBÊCHE, *sévèrement.*

Elle est surtout sotte de plus en plus et ne perd pas une occasion de justifier son nom de Nigaudinette !

NIGAUDINETTE.

Mais les dindonneaux paissent parfaitement !

LA REINE PIMBÊCHE, *sèchement.*

Et les oies aussi, taisez-vous ! Sachez, encore une fois, que j'entends que vous respectiez le plus grand dignitaire de mon royaume, mon bras droit...

NIGAUDINETTE, *l'interrompant.*

Oh ! votre bras droit... (*Hochant la tête.*) Moi, je le trouve très gauche la plupart du temps !

DINDONNEAU, se récriant.

Ah! permettez. Je suis gaucher, mais non pas gauche, ce qui n'est pas du tout la même chose. (A la reine Pimbêche.) Ne la grondez pas, elle ne connaît pas la valeur des expressions.

NIGAUDINETTE.

En effet, je n'ai pas compris, je l'avoue, les derniers mots de votre harangue aux notables qui ont été accueillis hier par une approbation et une hilarité générales.

DINDONNEAU.

Ah! vous avez grandement perdu, ma pauvre princesse, car c'est un des plus beaux morceaux de Dindonneau qu'enregistreront plus tard nos annales parlementaires! (Il prend une prise de tabac et dépose à côté de lui sa tabatière dont s'empare Nigaudinette. Déclamant.) « A ceux de vous, mes-
» sieurs, qui douteraient de mon dévouement,
» leur ai-je dit en terminant, je me conten-
» terai de répondre que je ne suis que l'in-
» carnation de mes fonctions ; gardien fidèle
» du sceau de l'Etat, je ne crains pas d'être
» démenti en m'écriant : le sceau, c'est
» moi ! »

TOUS, applaudissant.

Bravo ! bravo ! (Tandis qu'il déclamait, Nigaudinette a vidé le contenu de la tabatière dans le gobelet de Dindonneau, et a remplacé le tabac à priser par le contenu de la poivrière.)

DINDONNEAU.

Vos applaudissements ne sont qu'un faible écho de ceux qui ont retenti tandis que je vidais ainsi mon verre d'eau sucrée. (Il porte son gobelet à ses lèvres et l'abaisse aussitôt en poussant un cri d'horreur et en crachant avec dégoût.) Pouah ! qu'est-ce que cela ? Il y a un complot contre mes jours, la dynamite se glisse jusque dans ma boisson. Tous les moyens seront donc employés pour me faire sauter.

LA REINE RIQUETTE.

Allons, calmez-vous, vous voyez des conspirations partout, alors qu'il ne s'est produit qu'un pur enfantillage. La pauvre Nigaudinette, sans penser à mal, s'est amusée tout simplement à jeter un peu de tabac dans votre timbale.

LA REINE PIMBÊCHE, courroucée.

Encore vous, toujours vous ; mais vous serez donc stupide jusque dans vos plaisanteries ?

DINDONNEAU.

Le fait est que je n'ai pas prisé celle que vous venez de me faire! (Il prend une prise et se met à éternuer avec violence.) Qu'est-ce encore?... (Il chante.)

Air : *J'ai du bon tabac.*

J'ai bu le tabac de ma tabatière ;
Au poivre à présent vous m'assaisonnez.
   La moutarde, vous comprenez,
   Va bientôt me monter au nez.
Au lieu du tabac de ma tabatière,
J'ai mon pauvre nez de poivre fin
     plein !...

(Il éternue plusieurs fois.)

LA REINE PIMBÊCHE.

Que le bon Dieu vous bénisse, mon pauvre Dindonneau, et qu'il me prenne en pitié d'avoir pour fille une cruche pareille. (A Nigaudinette.) Cela dépasse les bornes, et vous serez punie, mademoiselle !...

NIGAUDINETTE, pleurant.

Hi! hi! hi! Mais je ne croyais pas mal faire, je vous avais entendu dire l'autre jour que le chancelier n'était pas assez épicé dans sa conversation, et j'ai cru qu'un peu de poivre.....

LA REINE PIMBÊCHE.

Assez!

LA REINE RIQUETTE.

Voyons, ne pleurez pas, ma mignonne; jolie comme vous l'êtes, il ne faut pas gâter vos avantages à plaisir.

NIGAUDINETTE, s'essuyant les yeux.

Vous avez raison, je ne devrais pas pleurer; mais avouez aussi que maman me pousse à bout, Riquette?

LA REINE RIQUETTE.

Bourriquette!... Elle m'a appelée bourriquette! Ah! décidément, votre fille va trop loin, ma chère voisine!

LA REINE PIMBÊCHE, soupirant.

Hélas! vous n'avez pas oublié, n'est-ce pas, la triste prédiction de la fée Gracieuse?

LA REINE RIQUETTE, tristement.

Non, je ne l'ai pas oubliée, elle s'accomplit pour elle comme pour mon pauvre fils! Il n'est pas bête, lui, tant s'en faut, je puis même le dire, sans le vanter: C'est un feu roulant d'esprit; mais, au physique, il tient plus que jamais de l'orang-outang et du dromadaire!

(s'attendrissant.) Ah! voyez-vous, je ne m'en consolerai jamais.

LA REINE PIMBÊCHE.

Ne suis-je pas encore plus à plaindre que vous, moi qui ai à souffrir à la fois de la bêtise de Nigaudinette et de la laideur de ma pauvre Laidronnette?

LA REINE RIQUETTE.

En effet, mais pourquoi ne l'avons-nous donc pas vue, cette chère Laidronnette?

LA REINE PIMBÊCHE.

Parce qu'elle a la coquetterie de son esprit, si je puis m'exprimer ainsi; elle prend plaisir, en s'isolant elle-même du monde, à se voir recherchée et promptement entourée de tous ceux que charme une conversation enjouée et intéressante.

DINDONNEAU.

Vous auriez pu, du reste, vous en rendre compte par vous-même en observant le manège des gentils seigneurs qui avaient été attirés ici, en premier lieu par la beauté de Nigaudinette et qui, insensiblement, se sont esquivés les uns après les autres (Désignant du doigt le côté gauche de la scène.) dans la direction de ce

petit fourré où si mes oreilles ne trompent,
on n'engendre pas la mélancolie.

CHŒUR, dans la coulisse.

AIR : *Mon père m'a donné un mari.*

Comme on s'amuse et comme on rit,
  Que Laidronnette
  Est donc drôlette ;
Comme on s'amuse et comme on rit,
  Que Laidronnette
  A donc d'esprit !

LA REINE PIMBÊCHE.

Que vous disais-je ?

LA REINE RIQUETTE.

En effet, la jeune princesse paraît avoir réuni autour d'elle joyeuse compagnie !

DINDONNEAU.

Si nous allions la rejoindre ?

LA REINE PIMBÊCHE.

Je ne demande pas mieux ! (A Nigaudinette.) Quant à vous, il est inutile que vous nous accompagniez, vous resterez ici à garder la vaisselle ; et, comme punition de votre manque de respect envers Dindonneau, la clef de voûte de mon royaume, vous m'écrirez cent fois, afin de ne l'oublier jamais, le mot vigilance qu'il a pris pour devise !

NIGAUDINETTE, baissant la tête.

Bien, maman !

TOUS, à l'exception de Nigaudinette, sortent en chantant avec le chœur de la coulisse.

Comme on s'amuse et comme on rit,
 Que Laidronnette
 Est donc drôlette ;
Comme on s'amuse et comme on rit,
 Que Laidronnette
 A donc d'esprit !

(Ils disparaissent par la gauche.)

SCÈNE II

NIGAUDINETTE, seule.

C'est ainsi que cela finit toujours : quand j'ai bien excité tout le monde à force de maladresse et de sottise, je me retrouve comme à présent, en tête à tête avec moi-même ou avec la vaisselle, deux compagnies qui se valent. (Elle chante.)

Air : *de la Codaqui.*

Chez moi la stupidité
Fut de tout temps, et j'enrage
A l'état d'infirmité.
J'ai le plus sot bavardage

Qui se soit jamais entendu,
Je parle de corde au fils d'un pendu,
Je demande aux vie...es leur âge ;
Chacun, quand je parle, aussitôt s'en va,
    Et patati, et patata,
Disant : On n'est pas bête comme ça !

Si toujours mal à propos
On me voit ouvrir la bouche,
Ce n'est jamais qu'en morceaux
Que je rends ce que je touche :
J'inonde, à table, le jabot
Du voisin avec le jus du gigot,
Je prends son mouchoir et m'y mouche.
J'écrase un à un tous les cors qu'il a,
    Et patati, et patata.
On n'est pas, vraiment, bête comme ça !

SCÈNE III

NIGAUDINETTE, RIQUET A LA HOUPPE

RIQUET, arrivant par la droite.

Ah ! non ! non ! Adorable princesse, vous êtes par trop sévère à votre endroit, et permettez-moi de vous faire observer que c'est déjà faire preuve d'esprit que de croire n'en pas avoir. Ce bien là a cela de particulier que, plus on en a, plus on croit en manquer.

NIGAUDINETTE.

Ah! vous m'avez fait peur! Etes-vous un homme, un singe ou un potiron?

RIQUET.

Je suis tout cela à la fois, en ce sens que que j'ai toutes les qualités intellectuelles et morales du premier, les agréments physiques du second, et que je porte le troisième entre mes deux épaules!

NIGAUDINETTE.

Cela doit bien vous gêner?

RIQUET.

Ah! j'en ai plein le dos!...

NIGAUDINETTE.

Ainsi, vous êtes plus spécialement un homme qu'autre chose?

RIQUET.

Mon Dieu oui, et je ne suis même pas un homme ordinaire.

NIGAUDINETTE.

Vous n'avez pas besoin de le dire, cela se voit bien; tranchons le mot, vous êtes un phénomène!

RIQUET.

Sans doute ; mais je suis encore quelque chose de plus.

NIGAUDINETTE.

Quoi donc?

RIQUET.

Je suis un prince.

NIGAUDINETTE, étonnée.

Un prince?

RIQUET.

Oui, un prince, et de très bonne souche !

NIGAUDINETTE.

Ah! c'est votre souche que vous portez dans le dos? Il fallait donc le dire! C'est égal, moi, à votre place, j'en aurais fait une bûche de Noël !

RIQUET, chantant.

Air : *Mon père était pot.*

Je ne suis pas joli garçon,
En marchant je tortille.
Mon œil droit regarde Alençon
Et l'autre la Bastille;
J'ai le dos trop rond,
Sur le coin du front

Je possède une loupe ;
Mais quant à mon nom,
La belle, il est bon :
C'est Riquet à la Houppe !

Mon papa s'appelait Riquet,
C'est mon nom d'origine,
Et si je porte un sobriquet,
Il provient, j'imagine,
Du petit toupet.
Roux, mais très coquet,
Dont on vante la coupe,
Qu'on voit sur le chef
De celui qui, bref,
Est Riquet à la Houppe !...

NIGAUDINETTE.

Comment, vous êtes le fils de la reine Riquette ? Mais c'est la meilleure amie de ma mère. Tout à l'heure encore elle déjeunait ici même avec nous. Maman lui a même parlé de vous.

RIQUET.

Et que lui a dit votre maman sur mon compte ?

NIGAUDINETTE.

Je n'ai pas très bien écouté ; mais je crois me rappeler qu'elle la plaignait fort d'avoir un fils si...

RIQUET.

Si mal bâti, n'est-ce pas ?

NIGAUDINETTE.

Oh ! elle n'a pas employé cette expression-là, c'est tout au plus si elle s'est servie du mot mal partagé, en se hâtant d'ajouter que son chagrin ne pouvait être comparé à celui que lui causait mon incurable stupidité.

RIQUET.

Ah ! charmante princesse, votre mère a grand tort de se désoler ainsi ; car, pour une fille, c'est déjà faire preuve d'esprit que d'avoir celui d'être jolie !

NIGAUDINETTE, tristement.

Vous me flattez, mais vous ne sauriez me consoler de cette infirmité intellectuelle qui me désespère !

RIQUET.

Si tel est, princesse, le motif de votre affliction, il me serait peut-être possible d'y mettre fin.

NIGAUDINETTE, avec joie.

Vraiment, et comment cela ?

RIQUET.

J'ai le pouvoir de donner de l'esprit autant qu'on en saurait avoir à la personne que je dois aimer le plus, et comme vous êtes cette personne, il ne tient qu'à vous de devenir la plus spirituelle des femmes.

NIGAUDINETTE.

Et que faudrait-il faire pour cela ?

RIQUET.

Il faudrait... (Hésitant.) Il faudrait que vous m'épousassiez !

NIGAUDINETTE, avec stupeur et faisant une grimace.

Que je vous épousassiez ! Ciel ! vous êtes bien imparfait pour que je me résigne à vous accepter comme futur. (Changeant de ton.) Voyons, est-ce sérieux, ce que vous me dites ?

RIQUET.

Tout ce qu'il y a de plus sérieux !

NIGAUDINETTE, hésitant.

C'est que je voudrais me débarrasser de ma bêtise à tout prix, et je trouve néanmoins que vous voulez me prendre trop cher.

RIQUET.

Je n'en disconviens pas; aussi suis-je tout

prêt à vous faire crédit : promettez-moi de
m'épouser, et, dans un an seulement à pareil
jour, je viendrai vous rappeler votre promesse.

NIGAUDINETTE, à part.

Dans un an seulement ? Ma foi, d'ici-là, il
coulera de l'eau sous le pont. (Haut et résolument en
tendant la main à Riquet.) Vous avez ma parole !

RIQUET, lui baisant la main.

J'en prends acte !

NIGAUDINETTE, passant la main sur ses yeux.

Ah ! c'est singulier !... (Elle chante.)

Air : *Ma commère, quand je danse.*

Est-ce un rêve, est-ce un mirage ?
De mes yeux tombe un bandeau,
Je sens comme un gros nuage
Qui s'enfuit de mon cerveau ;
Oui, dans mon cer... oui, dans mon veau
    L'esprit pousse,
    Il y mousse
Tout comme du vin nouveau !

Apprenez, tendres familles,
Qu'il faut modérer vos soins,
Puisque l'esprit vient aux filles
Quand on y pense le moins.
L'esprit sans vos... oui, sans vos soins
    Vient aux filles
    Bien gentilles
Quand on y pense le moins !

SCÈNE IV

Les Mêmes, LA REINE PIMBÊCHE, LA REINE RIQUETTE, DINDONNEAU. (Ils arrivent par la droite.)

LA REINE PIMBÊCHE.

Mes oreilles ne m'ont-elles pas trompée? Est-ce bien ma fille que j'ai entendue? (Embrassant Nigaudinette.) Ma Nigaudinette, est-ce bien toi ?

NIGAUDINETTE.

Mais, oui, maman, je ne puis croire moi-même à ce miracle (Désignant Riquet.) dont voici l'auteur.

LA REINE PIMBÊCHE.

Qu'est-ce que c'est que cet oiseau-là ?

LA REINE RIQUETTE, avec hauteur.

C'est mon fils... que je vous présente ! (Changeant de ton.) Il est dans un triste état, hein ?...

LA REINE PIMBÊCHE, d'un ton consolateur.

Mais non, je vous assure; au premier abord, il paraît un peu... mais on s'y fait !

RIQUET, s'inclinant.

Vous êtes bien bonne !

LA REINE PIMBÊCHE.

C'est à vous, prince, que je ne saurais rendre trop de grâces !

NIGAUDINETTE, souriant.

Oh ! ne le remercie pas trop, maman, sa générosité n'est rien moins qu'écossaise.

DINDONNEAU.

A combien le cachet ?

NIGAUDINETTE.

C'est très cher !

DINDONNEAU.

Qu'importe ! le contribuable n'est-il pas là ? Nous lui avons fait payer assez de bêtises pour avoir le droit de lui faire acheter aujourd'hui un peu d'esprit.

LA REINE PIMBÊCHE.

Mais ce n'est pas une valeur cotée à la Bourse.

DINDONNEAU.

Non, et si on la rencontre quelquefois dans les coulisses, la coulisse la méconnaît généralement ! (s'adressant à Riquet) Ah ça ! prince, est-ce que votre élève ne pourrait pas nous donner un échantillon de cet esprit dont vous l'avez gratifiée ?...

RIQUET.

Mais parfaitement ! Est-ce que la reine Pimbêche n'avait pas infligé à la princesse un pensum pour vous avoir manqué de respect ?

LA REINE PIMBÊCHE, avec tendresse.

Ah ! la chère enfant, je l'en relève de grand cœur et elle m'a causé une si douce joie que je ne veux plus entendre parler de punition !

DINDONNEAU, à la reine Pimbêche.

Vous, c'est possible, mais mon excellence a été assez bafouée pour ne pas renoncer à la réparation promise !

RIQUET.

Vous y tenez, soit, mais le nouvel état d'esprit de la princesse commande de laisser en toute chose une part à son intelligence et je sollicite pour elle une commutation de peine.

DINDONNEAU.

Fort bien ! je consens, qu'au lieu de copier cent fois le mot vigilance, elle fasse une courte dissertation sur le bien fondé de ma devise !

RIQUET.

Rien ne lui sera plus facile.

NIGAUDINETTE, à Dindonneau.

La forme de la charade vous convient-elle ?

DINDONNEAU.

Parfaitement !

NIGAUDINETTE, le faisant asseoir sur un pliant.

Alors, asseyez vous !

DINDONNEAU.

Pourquoi cela ?

NIGAUDINETTE.

Parce que je crains que vous ne chanceliez !... Attention ! je commence et je parle en vers.

DINDONNEAU, à part.

Envers et contre moi, alors !

NIGAUDINETTE.

Mon premier est un jour qui ne ressemble guères,
A notre chancelier, et n'est pas de son goût.
Dindonneau fait danser, comme les cuisinières,
Mon deuxième, d'après ce que l'on dit partout,
Et, pour le bien public, il manque de mon tout !

DINDONNEAU.

Je ne comprends pas du tout !

NIGAUDINETTE.

C'est pourtant bien clair : vous êtes le contraire de mon premier, puisque vigile est jeune et que vous ne l'êtes pas, que c'est un jour maigre et que vous, vous êtes gras; mon second, c'est anse, et tout le monde, dans le royaume, à l'exception de maman, sait parfaitement, que l'anse du panier ministériel danse entre vos mains, comme l'anse du panier domestique, danse entre celles des cordons bleus; enfin, la main sur la conscience, puisque nous sommes ici en famille, vous reconnaîtrez bien, avec moi, que les intérêts du royaume n'ont jamais eu à se louer de cette vigilance, qui est mon tout, et que vous avez prise bien à faux pour devise! (En ce moment les jeunes seigneurs qui étaient présents au commencement de l'acte viennent se joindre aux autres acteurs et tous chantent.)

ENSEMBLE.

AIR : *Mon père m'a donné un mari.*

Jamais on n'avait si bien dit;
   Nigaudinette
  N'est plus si bête.
Jamais on n'avait si bien dit :
   Nigaudinette
  A de l'esprit!

DINDONNEAU.

Cette manifestation est significative et

comme il ne me convient pas de jouer désormais à la cour le rôle d'une tête de turc (A la reine Pimbêche.) Je prie votre majesté de vouloir bien accepter mes huit jours !...

LA REINE PIMBÊCHE, jouant la désolation.

Vous me quittez ?... Vous m'abandonnez ?... (Changeant de ton.) Eh bien ! toute réflexion faite, cela me fait plaisir !

DINDONNEAU, avec dépit.

Oh ! ingratitude des princes ! j'espérais qu'elle m'aurait honoré d'une crise de nerfs et tout se réduit à une simple crise ministérielle !... (On entend dans la coulisse le refrain du roi Dagobert.)

NIGAUDINETTE, battant des mains avec joie.

Tiens, c'est papa ! la chasse l'amène de ce côté ! (A Riquet à la Houppe.) Ne vous montrez pas, il serait capable de vous prendre pour un écureuil et de vous tirer au passage !... (Elle se dirige vivement vers l'endroit où avait eu lieu le déjeuner champêtre, prend dans une assiette un morceau de viande et un morceau de pain, et court vers le fond de la scène.)

SCÈNE V

Les Mêmes, LE ROI PIMBÊCHE.

LE ROI, *arrivant, par la gauche, au fond de la scène, monté sur un cheval de bois, qu'il cravache à tour de bras.*

Ah ! le gredin. Ah ! l'enragé, il a le diable à ses dix cors, mais il n'aura pas le dernier mot ! (Il ralentit son cheval.)

NIGAUDINETTE, *s'approchant de lui, avec son pain et sa viande.*

Papa ! un peu de bœuf à la mode !

LE ROI, *exaspéré, portant la main à ses reins.*

Qu'oses-tu me proposer là, malheureuse enfant ? Voilà plus de vingt ans que j'en fais !

NIGAUDINETTE.

Avec un peu de sel ?...

LE ROI.

Quelle ironie, j'en ai trop de selle ! Au revoir, à un de ces jours ! Ah ! le brigand ! (Il disparaît par la droite.)

TOUS ENSEMBLE.

Air : *du Roi Dagobert.*

Le roi, comme son cerf,
Peut se vanter d'avoir du nerf ;
Chacun, à part soi,
Trouve que le roi
Dans sa majesté
Est bien entamé.
Toujours à quel qu'endroit
Faut-il que le bât blesse un roi ?...

FIN DU DEUXIÈME ACTE

ACTE TROISIÈME

(Le théâtre représente une forêt. Au fond de la scène se dresse un grand rocher. Allées à droite et à gauche.

SCÈNE PREMIÈRE

NIGAUDINETTE, JEUNES SEIGNEURS. Nigaudinette arrive par la gauche suivie des jeunes seigneurs.

LES JEUNES SEIGNEURS, chantent.

AIR : *Nous n'irons plus au bois.*

Belle princesse, au bois,
Pour vous accompagner,
De votre douce voix,
Veuillez bien désigner
Le plus joli prince
Venu de province ;
   Voyez, jugez,
Choisissez qui vous voudrez !

NIGAUDINETTE.

Nigaudinette, au bois,
Venant pour s'isoler,
N'a pas à faire un choix ;
Veuillez vous en aller ;

Que chaque beau prince
Retourne en province;
Allez, filez,
Choisissez qui vous voudrez !

LES JEUNES SEIGNEURS.

De vous laisser au bois
Les princes désolés
Par l'absence d'un choix
Sont pourtant consolés.
Point de préférence,
Plus de concurrence,
Allez, rêvez,
Epousez qui vous voudrez !

(Ils sortent en dansant.

SCÈNE II

NIGAUDINETTE, seule.

J'espère bien épouser qui je voudrai, mais ce ne sera aucun de vous, mes beaux petits muguets, qui vous êtes tous conduits comme des paltoquets vis-à-vis de ma pauvre sœur Laidronnette. Imaginez-vous qu'ils l'ont tous plantée là, avec un ensemble remarquable d'ingratitude. Ah ! maintenant, c'est fini, depuis qu'un peu d'esprit est venu renforcer mes quelques agréments physiques, je passe mon temps à refuser du monde, et il se pro-

duit, autour de Laidronnette, une relâche désespérante ! Jusqu'ici, je l'ai vengée de mon mieux, d'abord, parce que j'ai bon cœur, et en second lieu, parce que je suis devenue très difficile. Tous ces soupirants sont du reste absolument pitoyables. Les uns ne savent parler que de leurs chevaux et de leurs chiens, les autres que de leurs tailleurs, et le dernier que j'ai cru devoir évincer, en fait de talents de société, n'avait que celui de faire de la tapisserie. Je l'avais surnommé le prince Pénélope et il avait cru très spirituel de me répondre que ce surnom lui plaisait, d'autant mieux, qu'il me trouvait la blancheur du lis ! Je me suis empressée de lui rétorquer que je préférais être comparée à Omphale, à la condition qu'il fît comme Hercule, et qu'il filât ! (D'un ton pensif.) Le choix d'un mari me rend très perplexe, je vous assure, et cependant, papa en passant par ici, l'autre jour, toujours à la poursuite de son fameux cerf, m'a recommandé, au vol, une candidature à laquelle je lui ai promis de réfléchir !...
(On entend des chants, avec accompagnement de batterie de cuisine, qui partent de l'intérieur du rocher se trouvant au fond de la scène.)

CHŒURR

Air : *Toto Carabo.*

Qu'on plume les volailles,
Qu'on pique lapereaux
    Et perdreaux ;
Que l'on barde les cailles.
Qu'on truffe canetons
    Et dindons ;
Faisons aux glou glou...
Faisons aux glou glou,
Faisons dire aux gloutons :
Vivent les mar, les mi, les tons,
Vivent les marmitons!

SCÈNE III

NIGAUDINETTE, DINDONNEAU, Cuisiniers et Marmitons.

NIGAUDINETTE.

Que signifie ce charivari qui semble partir de l'intérieur de ce rocher? (Le devant du rocher se sépare en deux et on y aperçoit l'intérieur d'une cuisine où se démènent des marmitons affairés, plumant des poulets, grattant des légumes et massacrant des casseroles. Le chant reprend sur le même air avec accompagnement de battements sur des bouteilles. Dindonneau, vêtu en gros cuisinier, bat la mesure avec une écumoire.

CHŒUR

De poudreuses bouteilles
Remplis ton grand panier,
 Sommelier ;
Dans les coupes vermeilles,
Le vin doit pétiller
 Et briller,
Pour faire cri cri...
Pour faire cri cri...
Pour faire à tous crier :
Vive le so, vive le somme,
Vive le sommelier !

NIGAUDINETTE.

Ah ! ça, je ne me trompe pas et c'est bien Dindonneau, notre ancien premier ministre, que je retrouve sous cet accoutrement culinaire.

DINDONNEAU, en cuisinier.

C'est moi-même, princesse, il fallait bien vivre, n'est-ce pas ? Et puis, moi, voyez-vous, j'aime le pouvoir ; après avoir été chef d'un ministère, je n'ai pas voulu rester sur le pavé et je me suis fait chef de cuisine.

NIGAUDINETTE.

Et êtes-vous satisfait de ce changement de condition ?

DINDONNEAU, se frottant les mains.

Mais, je ne me plains pas, ça boulotte !

NIGAUDINETTE.

Allons, tant mieux ! La cuisine est décidément une belle carrière.

DINDONNEAU.

Ici plus que partout ailleurs.

NIGAUDINETTE.

Assurément ; mais ne jouons pas sur les mots et veuillez m'expliquer comment il se fait que vous fricotez tous à qui mieux mieux dans les les entrailles de ce rocher ?

DINDONNEAU.

Rien n'est plus facile ! (Il brandit son écumoire.)

LE CHŒUR DES CUISINIERS.

Air : *Bon voyage, cher Dumolet.*

Belle dame,
Ce grand banquet
Où nous mettons, chacun, toute notre âme,
Belle dame,
Ce grand banquet
Est préparé pour la noce à Riquet !

DINDONNEAU.

Le jeune prince a le cœur plein d'ivresse ;
Car il paraît, pas plus tard que demain,
Qu'une beauté, fidèle à sa promesse,
Non loin d'ici doit lui donner sa main !

LE CHŒUR

Belle dame,
Ce grand banquet
Où nous mettons, chacun, toute notre âme,
Belle dame,
Ce grand banquet
Est préparé pour la noce à Riquet !

(Le rocher se referme.)

NIGAUDINETTE, avec stupeur.

Riquet !... Une beauté fidèle à sa promesse !... Mais, cruche que je suis, c'est moi !.. C'est moi qui, du temps où je n'y voyais pas plus loin que mon nez, excédée de ma bêtise, affamée d'un peu d'esprit, ai fait ici même, il y a un an, le marché le plus stupide du monde... c'est moi... c'est bien moi... en un mot, qui ai promis ma main à Riquet.....

SCÈNE IV

NIGAUDINETTE, RIQUET A LA HOUPPE

RIQUET, dans la coulisse, avec une voix de tête et en tyrolienne.

..... A la Houppe, la Houppe, la Houppe !...

NIGAUDINETTE, se retournant.

Il y a une chouette, par ici ?...

RIQUET, entrant par la gauche.

Hélas! non, je ne suis pas chouette, adorable princesse, et c'est ce qui me rend un peu confus, au moment où, fidèle à ma parole, je viens vous supplier de vouloir bien tenir la vôtre!

NIGAUDINETTE, riant.

Ah! ah! ah! Comment, vous avez pris à la lettre ce que je vous ai dit alors que j'étais absolument incapable de comprendre la portée de mes paroles, et vous avez cru pour tout de bon, que je consentirais à vous épouser?

RIQUET.

Mon Dieu oui, et votre ironie m'étonne autant qu'elle m'afflige!

NIGAUDINETTE.

Mon intention n'est pas de vous offenser, je vous assure, et si je n'avais pas devant moi le prince le plus spirituel du monde, je ne me laisserais pas aller à lui faire part aussi franchement de mes sentiments. Parlons raison, voulez-vous?

RIQUET.

Ma pauvre tête, en ce moment-ci, ne me

le permet guère; mais enfin, essayons toujours!

NIGAUDINETTE.

Vous souvient-il, lors de notre première rencontre dans cette même forêt, alors pourtant que j'étais dans le plein épanouissement de ma bêtise, de toute la peine que j'ai eue à vous promettre ma main?

RIQUET.

Méchante! Est-ce qu'on oublie ces choses-là?

NIGAUDINETTE.

Eh bien! comment voulez-vous que mes hésitations ne se trouvent pas augmentées, aujourd'hui où l'esprit que vous m'avez donné m'a rendue plus clairvoyante, et nécessairement plus difficile dans le choix d'un mari? Je vous conserve une profonde reconnaissance, mon cher prince; mais je ne puis m'empêcher, d'essayer, comme Gros-Jean, d'en remontrer à son curé, et de vous dire que vous avez fait un pas de clerc!

RIQUET.

La chose est fort possible, il n'y a si bon cheval qui ne bronche, mais en quoi?

NIGAUDINETTE.

Eh bien! j'estime que si vous m'aviez laissé ma bêtise, vous n'auriez pas diminué vos chances de m'épouser.

RIQUET.

Vous raisonnez si bien, que j'en arrive à croire que je ne vous ai donné de l'esprit qu'en m'appauvrissant considérablement moi-même et en ne me conservant qu'une bien petite part; mais est-il juste de m'en faire pâtir, est-il loyal de me manquer de parole par cela seul que je ne suis ni un brutal ni un mal appris?

NIGAUDINETTE, avec embarras.

J'en conviens, mais...

RIQUET, l'interrompant.

Vous en convenez? Permettez-moi alors de vous poser deux questions. En premier lieu, avez-vous quelques objections à faire touchant ma naissance, mon caractère, ou mon esprit?

NIGAUDINETTE.

Assurément non; mais je vous attends à la seconde question.

RIQUET.

J'y arrive! (Il chante.)

Air: *Cadet Rousselle*

Si j'n'avais pas de boss' dans l'dos,
Si j'n'avais pas l'nez aussi gros,
Si cette houppe un peu rebelle
Ne m'abritait pas la cervelle,
Ah! ah! belle aux yeux doux,
Dites-moi, m'épouseriez-vous?

A mon œil droit, si mon autre œil
Faisait un plus aimable accueil,
Si je n'avais pas une loupe
Qui m'va comm' des ch'veux sur la soupe,
Ah! ah! belle aux yeux doux,
Dites-moi, m'épouseriez-vous?

NIGAUDINETTE.

Je vous le dis bien franchement,
Si maint petit désagrément
Ne nuisait à votre figure,
Ne détraquait votre tournure,
Ah! ah! ah! mais, vraiment,
Vous feriez un mari charmant!

RIQUET, avec joie.

Ah! princesse, vous me rendez le plus heureux des hommes: car il ne tient qu'à vous que je devienne tel que vous me souhaitez.

NIGAUDINETTE.

Comment cela?

RIQUET.

Il suffit que vous m'aimiez assez pour en exprimer le désir; car la même fée qui me fit le don de pouvoir rendre spirituelle la personne que j'aimerais le plus, vous a conféré le don, en même temps, de pouvoir rendre beau celui qui aurait le bonheur de vous plaire!...

NIGAUDINETTE.

S'il en est ainsi, je souhaite, de tout mon cœur, que vous deveniez le prince le plus beau du monde, comme vous en êtes le plus aimable. (Etendant la main.) Et je vous en fais le don, autant qu'il est en mon pouvoir! (A ce moment, le rocher du fond, contre lequel Riquet à la Houppe s'est presque adossé, s'entr'ouvre, la fée Gracieuse étend sa baguette au-dessus de la tête du prince, qui laisse sa bosse dans le vêtement qui lui est enlevé, quitte sa perruque rousse, et qui, complétement transformé à son avantage, vient mettre un genou à terre, auprès de Nigaudinette dont il prend la main.)

SCÈNE V

RIQUET, NIGAUDINETTE, LA FÉE GRACIEUSE, LA REINE RIQUETTE et LA REINE PIMBÊCHE.

(Tous viennent à la suite de la fée qui s'avance sur le devant de la scène et chante.)

LA FÉE.

Air : *l'Orage.*

A la métamorphose
Vous croyez tour à tour,
Mais je suis peu de chose
A côté de l'amour.
Bien qu'il reste le même,
On est toujours porté
A voir chez ce qu'on aime
L'esprit et la beauté!

NIGAUDINETTE.

Je n'ose pas en effet en croire mes yeux, mais si je suis le jouet d'une illusion, elle est assez douce pour que je m'en contente.

LA REINE RIQUETTE.

Vous avez raison, mon enfant, l'illusion c'est la moitié du bonheur, et tenez, je ne sais pas si elle m'a gagnée, mais il me semble à présent que mon fils a tout au plus le dos un peu rond !

LA REINE PIMBÊCHE.

Je vous assure que, pour moi, il ne boite plus, il se dandine simplement un petit peu et le plus gentiment du monde !

NIGAUDINETTE.

Sa loupe n'a plus que les proportions d'un grain de beauté, quant à ses yeux...

RIQUET, l'interrompant.

Ils deviendront irréprochables, puisqu'il n'en aura plus que pour vous ! (On entend dans la coulisse les dernières mesures de *Ton ton, ton taine, ton ton.*)

NIGAUDINETTE.

Tiens, voilà justement papa, il va passer à point pour nous donner son consentement à notre mariage !

SCÈNE VI

Les Mêmes, LE ROI PIMBÊCHE.

LE ROI, toujours à cheval, arrivant par la droite, au fond de la scène et paraissant exténué.

Oui, mes chers enfants, le consentement de l'étrier, je vous l'accorde de grand cœur, en vous félicitant d'avoir atteint le bonheur, tandis que je poursuivais en vain ce satané dix cors que je ne forcerai peut-être jamais.

NIGAUDINETTE.

Puisse le succès ne pas lui ressembler !

TOUS ENSEMBLE.

Air : *Ton ton, ton taine, ton ton.*

Au succès nous faisons la chasse,
Mais ce n'est jamais, nous dit-on,
  Ton ton, ton taine, ton ton,
Messieurs, qu'en vous demandant grâce
Que l'on peut en avoir raison.
  Ton ton, ton taine, ton ton !

FIN DE RIQUET A LA HOUPPE

LE RAT DE VILLE

ET

LE RAT DES CHAMPS

COMÉDIE-POCHADE EN UN ACTE

PERSONNAGES

MULOT, paysan normand.
DE LA MUSARAIGNE.
Un Corsetier. ⎫
Un Tailleur.   ⎬ Ces trois rôles peuvent être remplis par le même acteur.
Un Huissier. ⎭
Un Domestique.   ⎫ Ces deux rôles peuvent être
Un Garçon de restaurant. ⎭ remplis par le même acteur.

La scène se passe à Paris.

LE RAT DE VILLE

ET

LE RAT DES CHAMPS

(Le théâtre représente un petit salon de garçon, élégamment meublé. — Portes au fond et à gauche. — A droite, la cheminée près de laquelle est une chaise longue, placée en biais. — Faisant face à la cheminée, sur le devant de la scène, une petite table avec deux couverts. — A gauche de la cheminée, un guéridon chargé de bibelots et sur laquelle se trouve une boîte de cigares.)

SCÈNE PREMIÈRE

DE LA MUSARAIGNE, UN GARÇON DE RESTAURANT.

DE LA MUSARAIGNE, un garçon qui entre par le fond portant un déjeuner sur un plateau.

Posez votre plateau sur cette table, mon domestique ira vous prévenir quand il y aura lieu d'apporter le café.

LE GARÇON, posant son plateau.

Très bien, monsieur le vicomte, entendu,

monsieur le vicomte, aux ordres de monsieur le vicomte ! (Il salue et sort.)

DE LA MUSARAIGNE.

Vous croyez peut-être à une partie fine ? Eh ! bien ! non, vous n'y êtes pas. Je traite tout simplement le cousin Mulot, marchand de veaux, auquel j'ai eu l'imprudence de dire tout à fait en l'air, lors de mon dernier séjour à la Taupinière, notre hameau natal commun. (Changeant de ton.) « Un de ces jours, en » revenant du marché de la Villette, viens » donc me demander à déjeuner !... » D'ordinaire les invitations faites dans ces termes évasifs ne tirent pas à conséquence ; mais le cousin Mulot est Normand, il prend tout à la lettre, et comme il s'est aperçu probablement que je m'étais appliqué jusqu'ici à éluder sa visite à l'aide d'une foule de mauvaises raisons, il m'a écrit ce matin chez mon concierge le billet suivant. (Il lit.)

« Cousin,

» J'emprunte un coin de la table de nuit
» de ton portier, un calleux qui, à quatre
» heures du matin, a encore le nez fourré

» sous ses couvertures et qui, par dessus le
» marché, trouve ma visite incongrue, pour
» t'écrire à seule fin de te faire savoir que je
» viendrai te demander tantôt, sur le coup de
» midi, le déjeuner que tu m'as promis il y a
» quasiment six mois. Jusqu'ici, ça ne m'a-
» vait jamais réussi de te prévenir plusieurs
» jours à l'avance ; je compte donc mettre
» fin au guignon, en te prenant au saut du
» lit. Je voulions bien monter jusqu'à ton
» troisième ; mais je ne pouvions point
» quitter mes viaux et ton fainiant de portier
» m'a encore cherché noise quand j'ai parlé
» de les emmener avec moi là-haut pour te
» dire un petit bonjour : ils se joignent
» à moi pour t'embrasser du fond du cœur.
» A midi donc,

» Ton cousin pour la vie,

» Mulot. »

Eh bien ! il tombe mal, il tombe très mal, aujourd'hui, le cousin Mulot; car il tombe chez un homme absolument nettoyé. C'est gentil, n'est-ce pas, ici ? Eh bien ! avant que le soleil se couche, peut-être plus vite encore, j'en serai expulsé ; mes habits sont d'une assez bonne coupe, mais mon tailleur non payé me menace chaque jour de venir me les arracher de dessus le corps ; je suis finement chaussé, mais à tout instant mon bottier vient, à propos de bottes, me réclamer les trois mille cinq cents francs que je lui dois. Enfin, ajoutez à cela, qu'hier soir encore je me suis bêtement laissé gagner dix mille francs sur parole par le petit de Boiscanard au cercle des Déplumés. Ah ! je le suis richement déplumé, serin que je suis. De fils de paysan que j'étais, muni d'un petit patrimoine modeste mais rondelet et solide, je me suis travesti en vicomte de la Musaraigne, j'ai mené la grande vie et j'en suis arrivé à ne pas savoir comment je paierai (Montrant la table.) ce déjeuner que m'impose en un jour, comme celui-ci, le cousin Mulot, et que je devais d'autant moins lui refuser, que je n'ai plus d'amis, qu'il est mon seul parent et qu'il est peut-être sage de me ménager une petite planche de salut chez ce qu'il me reste de famille !

SCÈNE II

DE LA MUSARAIGNE, MULOT, Un Domestique.

MULOT, dans la coulisse.

Puisque je suis Mulot, Mulot de père en fils, le cousin Mulot! (Il entre portant avec peine un cerisier empoté couvert de fruits.)

LE DOMESTIQUE, le suivant.

Quand je vous dis que M. le vicomte n'a pas commandé d'arbres... dans tous les cas, il fallait passer par l'escalier de service.

MULOT, déposant son arbre contre le pan coupé de droite.

Ouf! qu'est-ce qu'il me chante avec son escalier de service? Le portier me disait la même chose, mais je te lui ai envoyé un renfoncement dans la bedaine tel que j'étais ici qu'il déboulinait encore dans l'escalier!

DE LA MUSARAIGNE, au domestique.

C'est bien, laissez-nous! (Le domestique sort.)

MULOT, même geste.

Oui, laissez-nous; mais je trouvions ça point bien du tout, qu'il me campe la porte au nez quand je m'égosillons à lui dire à ce larbin que j'étions Mulot, Jean Mulot, né natif de la Taupinière, canton de Falaise, marié à une Lerat, Mathurine Lerat, dont la mère était une Leloir, laquelle avait pour sœur une Musaraigne dont tu étais le fils et que conséquemment nous étions cousins quasiment germains. C'était pourtant clair comme de l'eau de roche, ça ! (Etreignant de la Musaraigne.) Mais embrassons-nous, cousin, d'abord pour notre propre compte et puis, secundo, de la part de ma bourgeoise, Mathurine, qui ne t'a point oublié. Te rappelles-tu, elle t'appelait toujours gringalet, et puis, histoire de rire un brin, elle t'allongeait des coups de poings qui t'envoyaient rouler à quinze pas. (Il lui donne une bousculade qui l'envoie tomber sur la chaise longue.) Décidément la vie de Paris ne t'a pas fortifié ! Ce n'est pas étonnant, après tout, l'air y est si malsain, il est même plus que malsain, il n'existe pas, il n'y pousse aucune fleur, il n'y mûrit aucun fruit ; aussi Mathurine m'a-t-elle dit, en partant : au lieu d'apporter au gringalet, elle a beau faire, elle ne peut pas se déshabituer de t'appeler toujours comme ça, au lieu d'apporter au gringalet un panier de ces jolis bigarreaux qu'il aimait tant, il faut mettre en pot un des petits cerisiers des mieux garnis et le lui apporter, afin qu'il ait le plaisir, dans son appartement même, de manger des cerises à l'arbre, ce qui n'est pas donné à beaucoup de Parisiens !

DE LA MUSARAIGNE.

Bonne cousine ! Il n'y a que les femmes pour avoir des attentions aussi délicates !

MULOT.

Dis plutôt : il n'y a que les cousines ! (Considérant la table.) Je vois que tu m'attendais, et tu m'as l'air d'avoir joliment fait les choses. Saperlipopette, c'est autre chose que la table de noyer que Mathurine cire tous les dimanches, et sa nappe des grands jours est à cent piques au-dessous de celle-ci !

DE LA MUSARAIGNE.

C'est un simple tapis de Turquie !

MULOT.

Et quelle est cette pancarte que ce petit amour soutient sur ses ailes roses ?

DE LA MUSARAIGNE.

C'est le menu, si tu veux en prendre connaissance ?

MULOT.

A quoi ça sert-il, le menu ?

DE LA MUSARAIGNE.

A faire savoir d'avance au convive ce qui lui sera servi, afin qu'il puisse réserver son appétit pour les plats qu'il préfère ?

MULOT.

Ah! moi j'aime tout et mon estomac est de taille à faire face à toutes les surprises ; mais lisons tout de même. (Il lit.) Huîtres de Marennes, c'est fameux ça, mais je me serais contenté d'escargots. Filet de bœuf piqué, sauce madère, râble de lièvre rôti, chaudfroid d'ortolans aux truffes. Comment ça peut-il être chaud et froid en même temps ?... Ah ! ça veut dire sans doute tiède. Flageolets nouveaux... Bombe glacée... Mais nous éclaterons quand nous aurons mangé tout ça ?... (Arisant la boîte de cigares.) Nom d'une pipe ! en voilà une boîte de cigares bien garnie.

DE LA MUSARAIGNE.

Oui, ce sont des cassadores assez bons.

MULOT.

Ça coûte cher, cette marchandise-là, pas vrai ?

DE LA MUSARAIGNE, hochant la tête.

Heu ! soixante-quinze francs le cent.

MULOT.

Soixante-quinze francs ! C'est ce que me coûtent à fumer deux arpents !... Mais qu'attendons-nous donc ? Ne pourrions-nous pas nous mettre à table ?

DE LA MUSARAIGNE.

Si fait ! Si fait !

MULOT, s'attablant.

Ah ! tant mieux ! Je me sentais l'estomac creux comme un boisseau vide ! Entre nous, c'est sans façons, pas vrai ? (Il se sert des huîtres en abondance.) Vois, mon assiette disparaît sous les huîtres ! (Observant de la Musaraigne.) Mais qu'as-tu donc, tu as l'air de ne pas être dans la tienne ?...

DE LA MUSARAIGNE.

Si fait ! Si fait ! (On entend sonner.)

MULOT.

Tiens, on sonne, au diable le gêneur !

LE DOMESTIQUE, apparaissant sur le seuil.

C'est le corsetier de M. le vicomte.

MULOT.

Quel vicomte ?

DE LA MUSARAIGNE, vivement.

Dites que je n'y suis pas !

MULOT, interdit.

Comment, c'est toi qui es...? (Riant.) Ah ! non ! Tu sais, je ne conterais pas ça à Mathurine, parce que, quand elle rit, elle rit dur, et les cordons de son tablier n'y résisteraient pas !...

DE LA MUSARAIGNE.

La situation n'est pas risible, je t'assure. (Au domestique.) Je suis sorti, vous dis-je !

LE DOMESTIQUE.

C'est ce que j'ai répondu ; mais il a repris de son côté qu'il ne coupait pas dans le pont et qu'il ne sortirait d'ici qu'avec l'argent que lui devait M. le vicomte.

MULOT, tapant sur l'épaule de de la Musaraigne.

Voilà ce qui te gênait, un créancier ? Rien ne coupe l'appétit comme ça. Mais comment diable as-tu affaire avec un corsetier ?

DE LA MUSARAIGNE.

Parce que, poussant la coquetterie jusqu'à la stupidité, je me suis fourré dans la tête de faire fine taille !...

LE RAT DE VILLE ET LE RAT DES CHAMPS

MULOT, riant.

Ah ! non ! tu sais, je ne conterai pas ça non plus à Mathurine, parce que quand elle rit...

DE LA MUSARAIGNE, impatienté.

Oui, oui, tu m'as déjà dit ça, les cordons de son tablier...

MULOT, sérieusement.

Eh bien ! regarde donc tout de même : si tu t'étais plus serré le ventre que tu ne l'as fait, tu ne serais pas aujourd'hui dans l'embarras. Enfin tu y es, j'ai l'estomac dans les talons, mais je suis ton cousin et...

DE LA MUSARAIGNE.

Tu vas payer ?...

MULOT.

Un Normand, payer? Jamais de la vie !

DE LA MUSARAIGNE.

Mais alors ?

MULOT, le prenant par les épaules et le faisant sortir par la porte à gauche.

File un peu vite par là et fais le mort. (De la Musaraigne sort, Mulot vient s'étendre majestueusement sur le canapé. Au domestique.) Faites entrer !

SCÈNE III

MULOT, LE CORSETIER.

LE CORSETIER, *entrant furieux.*

Monsieur, je suis lassé...

MULOT.

Ça, mon garçon, c'est parce que vous le voulez bien. Que voulez-vous, chaque commerce a ses exigences.

LE CORSETIER, *déconcerté.*

Mais je cherchais...

MULOT.

Mon neveu, le vicomte de la Musaraigne...

LE CORSETIER, *déconcerté de plus en plus.*

En effet... et...

MULOT.

Et ça vous épapouffe, monsieur?...

LE CORSETIER.

Dubusc, pour vous servir, monsieur?...

MULOT, *se carrant.*

Le baron Mulot... (Le corsetier fait un profond salut.) Oncle du vicomte, monsieur Dubusc! Savez-vous que c'est un nom trouvé ça, pour un corsetier?

LE CORSETIER, s'inclinant.

Monsieur le baron me comble.

MULOT.

Ah! moi, je ne suis pas fier. (Remplissant deux verres de vin.) Vous prendrez bien un verre de vin?

LE CORSETIER, hésitant.

Mais, monsieur le baron, je suis vraiment confus; car je venais simplement pour...

MULOT, l'interrompant.

Pour régler un petit compte, je le sais.... c'est donc l'occasion ou jamais de choquer, comme on dit à la Taupinière; si vous êtes à jeun, ça vous fera tuer le ver, si vous avez déjeuné, ça vous aidera à tuer le temps; du reste, mon neveu va venir dès qu'il aura fini sa migraine, et, en ma qualité d'oncle, c'est mon devoir de vous adoucir l'attente!

LE CORSETIER, qui avait commencé à boire, toussant comme un homme qui a avalé de travers et déposant son verre.

Heu! Heu! (Riant.) Ah! il est bon, monsieur le baron, il est excellent.

MULOT, lui tapant sur l'épaule.

Je te crois, qu'il est bon, du Sauterne première, vrai cru d'Argenteuil.

LE CORSETIER, d'un ton patelin.

Je ne voudrais pas avoir fait à monsieur le baron un compliment en vain.

MULOT, l'interrompant.

L'eusse-tu cru d'Argenteuil, toi?...

LE CORSETIER.

En effet, je ne l'aurais jamais cru cru.... mais pourquoi donc me tutoyez-vous?...

MULOT.

Parce que tu me plais, et quand on me plaît... Tiens, je regrette de ne pas pouvoir te donner ma pratique.

LE CORSETIER.

Et pourquoi, monsieur le baron, ne pourrait-il?...

MULOT.

Parce que je ne porte pas de corset, moi, grâce à Dieu !

LE CORSETIER.

Monsieur le baron ferait mieux de dire malheureusement !

MULOT.

Pourquoi malheureusement ?

LE CORSETIER.

Parce que si monsieur le baron en avait porté dans sa jeunesse, il aurait, qu'il me pardonne l'expression, la taille beaucoup moins avachie !

MULOT.

Ah ! comme ça tu trouves que j'ai... alors maintenant, c'est trop tard, il n'y a plus rien à faire?...

LE CORSETIER.

Il n'est jamais trop tard pour bien faire; mais, aujourd'hui, au lieu du simple sustenteur que j'aurais offert à monsieur le baron, il y a vingt ans, je lui conseillerais l'obésico-rectificateur !

MULOT.

Ça doit gêner beaucoup, pas vrai, ce... bureau de vérificateur ?

LE CORSETIER.

Pas le moins du monde, monsieur le baron, au contraire, mon obésico-rectificateur donne de la souplesse au corps, de l'élasticité à la conscience; j'en ai fourni à nombre d'hommes politiques, à des sénateurs surtout, et, d'inamovibles qu'ils étaient, ils sont devenus étonnants par les évolutions qu'ils font de droite à gauche.

MULOT.

Fort bien, mais combien cela durera-t-il?...

LE CORSETIER.

Neuf ans, garantis sur facture !

MULOT.

Et combien coûte le corset ?

LE CORSETIER.

Cinq cents francs au prix juste.

MULOT, lui tapant dans la main.

Tope là, j'en prends cinquante !

LE CORSETIER, s'élançant sur Mulot un mètre à la main, lui prenant mesure à la poitrine, à la taille et sous les bras.

Cinquante ! (Écrivant sur un carnet.) Deux, un quatre-vingt, un soixante. Quelle commande, quelle commande!

MULOT.

Veux-tu bien me laisser! Tous ces corsets ne sont pas pour moi!

LE CORSETIER.

Ils ne sont pas pour monsieur le baron?

MULOT.

Mais non... Je suis maire de ma commune...

LE CORSETIER, l'interrompant.

Vous en avez bien l'air...

MULOT.

N'est-ce pas? Aussi je ne cherche pas à le cacher. Donc, comme maire, je suis soucieux de la bonne tenue de mes sapeurs-pompiers, et j'ai constaté avec regret qu'ils juraient sous l'uniforme.

LE CORSETIER, criant.

Silence dans les rangs !...

MULOT.

Tu n'y es pas, je veux dire que leurs panses indociles sont rebelles à l'alignement, et j'espère qu'au moyen de l'obélisco qui va chez le percepteur...

LE CORSETIER.

Pas un bouton ne sortira de la ligne ! Ah ! monsieur le baron, le don est royal, et vous ne vous conduisez pas en maire, mais en père.

MULOT.

Je l'espère ! seulement, la difficulté, c'est pour les mesures !...

LE CORSETIER, fièrement.

Ah!... monsieur le baron, nous travaillons sur photographies.

MULOT.

Vraiment ?

LE CORSETIER.

Si M. le baron veut bien nous mettre à l'épreuve, il lui suffira de m'en envoyer une.

MULOT.

Une épreuve?... Une de chacun de mes hommes, tu veux dire?...

LE CORSETIER.

Non pas; puisque monsieur le baron fait une commande pour tout le corps, le groupe me suffira.

MULOT.

C'est prodigieux ! Quoi qu'il en soit, c'est une affaire entendue. Maintenant que sa migraine doit être terminée, je vais prévenir mon neveu, afin qu'il vienne régler avec toi.

LE CORSETIER, le retenant

. De grâce, monsieur le baron, n'en faites rien ! Déranger monsieur le vicomte... après une pareille commande, ah ! par exemple, je ne me le pardonnerais pas de toute ma vie ! (se dirigeant vers la porte.) Pour la photographie, vous savez mon adresse ?

MULOT, s'inclinant.

Qui ne connaît la maison Dubusc ? Mais toi, tu te souviendras bien de mon nom ?

LE CORSETIER, avec un profond respect.

Ah ! par exemple, le baron Hulot ! J'en ai assez entendu parler par M. de Balzac pour ne l'oublier jamais ! (Fausse sortie, rentrant en scène.) Ah ! monsieur le baron, une prière !

MULOT.

Quelle prière ?

LE CORSETIER.

Faites-moi l'honneur de me permettre, à titre de prime, d'offrir un corset riche à madame votre épouse ?

MULOT, lui frappant sur l'épaule.

Je te le permets, mon garçon, je te le permets, je t'enverrai sa photographie.

LE CORSETIER.

Inutile, monsieur le baron, je vous ai pris mesure, et une simple opération d'arithmétique des plus élémentaires me permettra.....

MULOT, l'interrompant.

Ah ! j'y suis ! Tu supposes tout naturellement que Mathurine est la moitié de moi-même?... (A part.) Eh bien! s'il la voyait!...

LE CORSETIER, vivement.

Oui, monsieur le baron. Tout naturellement, tout naturellement! Tous mes respects à M. le baron! Quelle commande, quelle commande!... (Il sort.)

MULOT, se rend à la porte de gauche par où est sorti de la Musaraigne, en dansant et en chantant sur l'air de : *A la Monaco.*

Tra déri déra, la la la la la la! Tra déri déra, tra la la la la la la! (Il toque à la porte.)

SCÈNE IV

MULOT, DE LA MUSARAIGNE, puis LE DOMESTIQUE.

DE LA MUSARAIGNE, passant la tête par l'ouverture de la porte entrebâillée.

Il est parti?

MULOT, se frottant les mains.

Il ne s'est pas en allé, il s'est envolé, il ne pèse pas deux onces. Ah! l'imbécile!

DE LA MUSARAIGNE, entrant tout à fait.

Le fait est que tu l'as roulé!...

MULOT, jouant la modestie.

Oh! ce c'est rien cela... si tu me voyais

au marché de la Villette !... Vois-tu, pour ta gouverne, retiens bien ceci : Le meilleur moyen de calmer un créancier qui piaffe, ce n'est pas de le payer, mais bien de lui offrir l'occasion de se faire duper davantage ! Ah ! maintenant nous allons déjeuner pour tout de bon, j'espère ? (Il va s'attabler.)

DE LA MUSARAIGNE, s'attablant aussi.

Ah ! je crois bien, cousin, cette bonne farce m'a tout ragaillardi, et je me sens une faim de loup.

MULOT.

Bravo ! (On entend sonner.)

DE LA MUSARAIGNE, se lève vivement de table.

Eh ! on sonne, est-ce qu'il reviendrait ?

LE DOMESTIQUE, apparaissant au fond.

C'est le tailleur de monsieur le vicomte.

DE LA MUSARAIGNE, avec humeur.

Qu'il aille au diable !

LE DOMESTIQUE.

C'est ce que je lui ai répondu ; mais il est entré quand même et s'est installé malgré moi dans l'antichambre, en criant très haut qu'il y resterait jusqu'à ce que sa facture fût acquittée !

MULOT.

C'est dit, nous ne déjeunerons pas aujourd'hui ! (A de la Musaraigne.) Tu es donc encore à découvert vis-à-vis de celui-là ?

DE LA MUSARAIGNE.

Hélas ! oui.

MULOT, au domestique.

Et il dit qu'il ne s'en ira pas !

LE DOMESTIQUE.

Il l'a juré sur la tête de son coupeur.

MULOT.

Ah ! il l'a juré ! eh bien, moi, nom d'une tête de viau ! je jure qu'il va détaler d'ici plus lestement qu'il n'y est entré.

DE LA MUSARAIGNE, s'élançant au-devant de Mulot.

Ah ! je t'en prie, cousin, pas de violences, elles seraient sans effet.

MULOT.

Je n'ai pas la prétention de le forcer à te livrer de nouveaux effets, et je ne songe pas davantage à faire le batailleur avec lui.

DE LA MUSARAIGNE.

Mais que comptes-tu faire ?

MULOT.

Tu vas voir! (Au domestique.) Une robe de chambre et un madras, vivement, si c'est possible! (Le domestique sort rapidement par la porte de gauche. Mulot frotte sa main contre le fond de la cheminée et barbouille le sein de la Musaraigne.)

DE LA MUSARAIGNE, se débattant.

Mais qu'est-ce qui te prend? Veux-tu bien me laisser tranquille! Tu deviens fou!

MULOT.

Oui, je vais faire des folies pour te tirer d'affaire! (Prenant des mains du domestique la robe de chambre et le madras qu'il a apportés et en affublant de la Musaraigne.) Et maintenant, pas un mot! Geins, si tu veux, mais pour le reste, obéissance passive, et tu es sauvé. (Il jette de la Musaraigne sur la chaise longue, lui met un coussin sous la tête et le borde soigneusement dans sa robe de chambre. Au domestique.) Maintenant, faites entrer!

LE DOMESTIQUE, sortant et restant au dehors en tenant la porte ouverte. Élevant la voix.

Monsieur Duveston peut entrer.

SCÈNE V

MULOT, DE LA MUSARAIGNE, LE TAILLEUR

LE TAILLEUR, entre, tenant une grande facture, avec un ton de mauvaise humeur.

Enfin, monsieur le vicomte, ce n'est pas dommage... (Il s'arrête stupéfait devant Mulot qui lui barre le passage à quelques pas de la chaise longue.)

MULOT.

Chut! monsieur, vous avez insisté pour entrer, c'était votre droit; mais ma conscience de médecin ne me permettait pas d'exposer un père de famille comme vous à cette terrible contagion, voilà pourquoi j'avais fait condamner la porte !

LE TAILLEUR.

Vous m'effrayez, monsieur, qu'y a-t-il?

MULOT.

Jetez seulement un coup d'œil sur ce visage noirci par la souffrance et vous comprendrez.

LE TAILLEUR s'approche pour considérer de la Musaraigne, qui pousse un gémissement et fait un soubresaut.

Ah! mon Dieu! serait-ce?...

MULOT.

Tout ce qu'il y a de plus asiatique, de plus subit et de plus foudroyant ! Il y a à peine une demi-heure, il déjeunait là bien tranquillement, quand...

LE TAILLEUR.

Alors, vous le considérez comme perdu ?

MULOT.

Non pas ! je réponds de sa guérison, la potion que je viens de lui administrer étant infaillible quand le malade n'a pas quarante ans.

LE TAILLEUR.

Ah ! alors, vous croyez qu'au-dessus de quarante ans...

MULOT, hochant la tête.

Oh ! il n'y a absolument rien à faire, ainsi, si malheureusement vous étiez pris, ce qui est à craindre, il n'y aurait aucun espoir de vous sauver.

LE TAILLEUR, avec effroi.

Que me dites-vous là ? docteur, vous ne pourriez pas me sauver ? alors je me sauve. (Il se dirige en courant vers la porte.)

MULOT, l'arrêtant.

Halte-là ! vous avez forcé ma consigne, tant pis pour vous ; vous ne sortirez d'ici que mort ou désinfecté !

LE TAILLEUR, exaspéré.

Mais c'est abominable ! je suis un père de famille, docteur, c'est un crime de m'exposer ainsi.

MULOT.

C'en serait un bien plus grand de ne pas tirer, d'un individu déjà contaminé par sa faute, tout le secours qui me sera nécessaire quand il y aura lieu, tout à l'heure, de donner au malade les soins les plus pénibles et les plus périlleux.

LE TAILLEUR, retroussant ses manches, pliant sa facture qu'il met dans la poche de derrière de son habit, et se préparant à lutter.

Ah ! docteur, je me révolte, à la fin, vous voulez faire de moi un infirmier laïque, gratuit et obligatoire, dût-il m'en coûter la vie, mais je me défendrai ! (Il s'élance de nouveau vers la porte, Mulot le prend à bras le corps, il lui échappe laissant entre ses mains un des pans de son habit.)

DE LA MUSARAIGNE, se levant précipitamment de sa chaise longue, se dirige en dansant et en chantant vers Mulot qui est assis par terre tenant le pan de l'habit du tailleur.)

A la Monaco l'on danse, l'on y danse, à la

Mouaco l'on.... (S'interrompant pour rire.) Sais-tu que tu es renversant ?

MULOT, se relevant.

Et renversé ! c'est égal, il est ailleurs le tailleur et il en est encore plus content que nous, regarde un peu, j'ai le pan ! (Fouillant dans la poche et en retirant la facture acquittée.) Et le bon pan, par dessus le marché.

DE LA MUSARAIGNE, prenant la facture.

Je crois bien que c'était le bon ; voici ma facture acquittée. Avec cela je tiens maître Duveston et je le ferai patienter aussi longtemps qu'il me plaira.

MULOT, allant s'attabler.

Soit, mais n'agis pas de même envers mon estomac, car il est à bout de forces.

DE LA MUSARAIGNE, s'attablant.

Cela ne m'étonne pas, incomparable cousin, à table à table ! (Il prend une bouteille et va verser à boire à Mulot, quand la porte du fond s'ouvre et l'huissier apparaît sur le seuil.)

SCÈNE VI

DE LA MUSARAIGNE, MULOT, Un Huissier.

L'HUISSIER, lit d'une voix traînante.

« L'an mil huit cent quatre-vingt-quatre,
» le quinze mai, à midi trente-cinq minutes
» de relevé, nous Modeste Désiré.

MULOT, l'interrompant.

Si tu te crois désiré, mon vieux séchoir, tu t'enfonces joliment ton parapluie dans l'œil; mais tu n'es pas modeste!

L'HUISSIER, reprenant.

« Nous Modeste-Désiré Duplacet, huissier-
» audiencier, près le tribunal de première
» instance... »

MULOT, frappant sur la table.

Assez, vilain oiseau de chicane, ne t'ébrèche pas le bec à nous gazouiller ton boniment, tu viens pour saisir à la requête du vautour, pas vrai?...

L'HUISSIER.

Vous l'avez dit, en raison de quatre termes impayés.

MULOT.

Eh bien ! alors, mets un terme à ton charabia.

L'HUISSIER.

Alors, cela fera cinq termes ?

DE LA MUSARAIGNE, avec insouciance.

Oh ! un terme de plus ou de moins !...

MULOT.

Ça nous nous est égal, instrumente, mais laisse-nous fonctionner.

L'HUISSIER.

Volontiers, car les aliments son insaisissables. (S'approchant du cerisier.) Mais je vous fais défense de toucher à ces cerises.

DE LA MUSARAIGNE.

Il nous prive de dessert ?...

MULOT, d'un ton de menace.

Tu oserais porter la main sur les cerises de Mathurine ? Viens-y donc !

L'HUISSIER.

Ces fruits étant pendants par branches et par racines, je devrais pratiquer sur eux une saisie-brandon ; mais, avant d'être huissier, je suis galant homme et je m'abstiendrai de tout acte de procédure susceptible de déplaire à une dame !

MULOT, lui enfonçant d'un coup de poing son chapeau jusqu'au yeux et prenant un ton amical.

Ah ! mais tu as du bon, mon vieux Brandon.

L'HUISSIER.

Si j'ai du bon !... C'est à dire que sous mon enveloppe d'huissier se cache un cœur de gazelle !

MULOT.

A ta place, si j'avais une enveloppe comme cela, moi, je m'en affranchirais.

L'HUISSIER, soupirant.

Hélas ! il faut vivre !

MULOT.

Et pour vivre, il faut manger ; moi je meurs littéralement de faim.

DE LA MUSARAIGNE.

Avez-vous déjeuné, maître Duplacet ?

L'HUISSIER.

Oui, mais bien mal, monsieur le vicomte, c'était ce matin le jour du foie de veau à la maison et... (Il fait une grimace.)

DE LA MUSARAIGNE, l'imitant du geste.

Eh bien ! si le cœur vous en dit, vous pouvez recommencer, vous reprendrez après votre petite opération !

L'HUISSIER, se mettant à table avec empressement.

Comment donc ! ah ! vous êtes un saisi bien aimable. Vous me comblez !...

MULOT.

Le fait est que c'est un comble, mais au moins, maintenant que nous sommes assistés d'un huissier, nous allons pouvoir déjeuner tranquilles !

SCÈNE VIII

Les Mêmes, Un garçon de restaurant.

LE GARÇON, arrivant comme une trombe.

Arrêtez ! arrêtez ! ah ! J'arrive à temps !

MULOT.

Qu'est-ce qu'il veut encore, celui-là ?

LE GARÇON, présentant la carte.

Ce que je veux, moi, je ne veux rien du tout, mais le patron, fatigué d'être refait par monsieur le vicomte, exige que ce déjeuner lui soit payé d'avance, sans quoi... (Il fait mine d'enlever le plateau.)

MULOT.

Combien en demande-t-il de son déjeuner ?

LE GARÇON, montrant l'addition.

Cent cinquante-trois francs trente-trois centimes !

MULOT, haussant les épaules.

Il est tout froid, il ne vaut plus cinquante sous, ton déjeuner. J'aime mieux aller chez Duval !

LE GARÇON, indigné.

Chez Duval ! eh bien ! vas-y donc, vieux bœuf nature ! (Le garçon remet prestement tout ce qu'il peut sur le plateau, y compris la moitié d'un petit pain qu'il arrache de la bouche de l'huissier, et sort rapidement par le fond remportant le déjeuner.)

MULOT, se débattant, retenu par l'huissier et de la Musaraigne.

Vieux bœuf nature !... il a osé m'appeler... lâchez-moi... laissez-moi donc lui décrocher le fricandeau !

DE LA MUSARAIGNE.

Voyons, cousin, calme-toi, je vais envoyer chercher un autre déjeuner ailleurs !...

MULOT, avec dépit.

Ah! non! par exemple, ce dernier coup m'a coupé l'appétit.

> Puisque t'es dans la débine,
> Cousin, viens souper chez moi,
> Le fricot de Mathurine
> N'est pas un fricot de roi :
> Mais rien ne vient m'interrompre ;
> Je mange tout à loisir.
> Adieu donc. Fi du plaisir
> Que la crainte peut corrompre !...

FIN DE : LE RAT DE VILLE ET LE RAT DES CHAMPS

UN BIENFAIT

N'EST JAMAIS PERDU

COMÉDIE-PROVERBE EN UN ACTE

PERSONNAGES

GEORGETTE.
TAPOTTE.
NALBLANCHI, petit ramoneur bossu.
CHARABIA, maître ramoneur.
Un Garde champêtre.

UN BIENFAIT
N'EST JAMAIS PERDU

(Le théâtre représente une pièce carrée, porte au fond, à droite de la porte, un secrétaire, à gauche, faisant pendant au secrétaire, un buffet. Au milieu du pan coupé de gauche, une cheminée. Au milieu du pan coupé de droite, un placard se fermant extérieurement au moyen d'un verrou. Sur le premier plan, au milieu de la scène, une table, le long des murs, chaises et fauteuils, à droite, en face de la table, un petit canapé placé un peu en biais et derrière lequel on peut circuler.)

SCÈNE PREMIÈRE
GEORGETTE, TAPOTTE.

GEORGETTE, ajustant son chapeau, tandis que Tapotte finit d'épousseter les meubles.

Voyons, Tapotte, dépêche-toi, songe que que nous n'avons pas grand temps à rester dehors et qu'il y a beaucoup de choses à voir à notre fête de Noisy-les-Framboises.

TAPOTTE.

Le fait est que c'est minable de n'avoir à soi pas même une demi-journée, un jour comme celui-ci, qui n'arrive qu'une fois tous les ans.

GEORGETTE.

C'est ennuyeux, j'en conviens; mais il ne faut s'en prendre à personne; mes parents étaient assez contrariés d'être obligés de s'absenter aujourd'hui et de nous confier la garde de la maison.

TAPOTTE.

Le fait est qu'ils ne paraissaient pas contents.

GEORGETTE.

Dame, il y avait de quoi; on ne s'absente pas sans inquiétude de chez soi quand on y laisse une grosse somme comme celle que maître Grimoire, notaire, a apportée hier à papa et qui est enfermée dans ce secrétaire.

TAPOTTE.

C'est le prix du fonds de droguerie que votre papa vient de vendre à M. du Chiendent, son successeur, qui, même, voulait me garder avec les drogues et toute la boutique.

GEORGETTE.

C'est cela même ; aussi voilà pourquoi papa m'a dit en s'en allant : « Veille bien sur ce secrétaire, mon enfant, car il contient toute » une fortune qui te permettra peut-être un » jour d'épouser un huissier. »

TAPOTTE.

Un huissier ! j'en suis toute saisie ! Soyez tranquille, mademoiselle, nous fermerons toutes les portes à double tour.

GEORGETTE.

C'est cela ; mais dépêchons-nous, car les chevaux de bois tournent depuis plus d'une heure et je ne tiens plus en place.

TAPOTTE, avec dédain.

Mademoiselle aime les chevaux de bois ?... C'est bien peu distingué, j'aime mieux les puces savantes.

GEORGETTE.

Les puces savantes ? Ah ! quelle horreur ! (Riant.) Est-ce que tu espères recruter parmi elles une institutrice pour celles que tu élèves dans l'ignorance ?

TAPOTTE, d'un ton piqué.

Si mes moyens ne me permettent pas de

leur donner de l'éducation, ce n'est pas une raison pour me mortifier.

GEORGETTE, riant.

Que tu as le caractère mal fait, ma pauvre Tapotte, il n'y a pas pas moyen de plaisanter avec toi ! Voyons, ne te fâche pas, nous irons aux puces ; mais nous irons aussi à *la Tentation de Saint-Antoine,* au cirque Corvi et à bien d'autres baraques encore ; car maman m'a donné trois francs avec la permission de les dépenser intégralement. (Battant des mains.) Ah ! nous allons bien nous amuser. (On entend un grand bruit dans la cheminée.) — Georgette se serrant contre Tapotte. As-tu entendu ?

TAPOTTE, avec effroi.

Oui, en effet... (Désignant du doigt la cheminée au fond de laquelle on aperçoit accroupi un petit ramoneur.) Ah !...

GEORGETTE, se dégageant et éclatant de rire.

Tiens, c'est un singe !

TAPOTTE, encore tremblante.

Il se sera échappé de chez Corvi, bien sûr, et de toit en toit sera arrivé jusqu'à notre cheminée.

SCÈNE II

Les mêmes, MALBLANCHI.

MALBLANCHI, d'une voix plaintive.

Plût à Dieu que je fusse ce que vous dites, mes bonnes demoiselles !...

TAPOTTE, avec surprise.

Tiens, il parle ! quel progrès a fait l'instruction, tout de même !

MALBLANCHI, reprenant.

Si on attrape de ci et de là quelques coups de bâton, chez le maître dont vous parlez, au moins on y mange de temps à autre, tandis que moi... (Baissant la voix.) Ah ! j'ai bien faim !

GEORGETTE, s'avançant.

Pauvre petit !

TAPOTTE, la retenant.

N'approchez pas, c'est le diable, il vous mangerait !

MALBLANCHI, hochant la tête.

Un pauvre diable, en effet, qui vous trouve gentille à croquer; mais un petit morceau de pain ferait bien mieux son affaire.

GEORGETTE.

Qui êtes-vous donc ?

MALBLANCHI.

Je suis Malblanchi...

TAPOTTE, l'interrompant.

Ça se voit bien, mais encore ?...

MALBLANCHI.

C'est ainsi qu'on m'appelle, je suis un petit ramoneur ; mon maître m'avait fait monter dans la cheminée d'à côté, et dame, comme je n'avais pas mangé depuis deux jours, je ne donnais pas dru à l'ouvrage, alors j'ai été battu si fort, si fort, que je me suis sauvé et que, sans savoir comment, je suis tombé plutôt que descendu ici.

GEORGETTE, ayant été prendre dans le buffet un morceau de pain et un pot de confitures et les présentant à Malblanchi.

Tiens, mon pauvre petit, voici toujours de quoi te réconforter un peu.

TAPOTTE, s'emparant du pot de confitures.

Du pain passe encore, mais les confitures ne sont pas faites pour les ramoneurs ; votre maman nous a laissé en partant ce pot pour notre dessert, et s'il vous plaît d'y renoncer je ne me sens pas du tout disposée, quant à moi, à manger mon pain sec.

GEORGETTE.

Que tu es égoïste et méchante !

MALBLANCHI, prenant le morceau de pain.

Ne la grondez pas, ma bonne petite demoiselle ; le morceau de pain sec, c'est plus que l'ordinaire du petit ramoneur, il se contente de celui qu'on lui jette le plus souvent avec mépris, mais sur celui que lui donne une main charitable et consolatrice il laisse, malgré lui, tomber une petite larme de reconnaissance qui lui donne une saveur bien douce !

GEORGETTE.

Ah ! Tapotte, vois donc comme il est déguenillé ! (A Malblanchi.) Tu dois avoir bien froid ?

MALBLANCHI.

Il paraît que non ; une bonne dame m'avait donné ces jours-ci un vieux tricot ; mais le patron, sous le prétexte (Montrant sa bosse.) que j'ai sur le dos une chaufferette naturelle et permanente, me l'a retiré et l'a vendu pour aller boire.

GEORGETTE.

Quel dommage que je n'aie pas de vêtement capable de lui convenir. (Se frappant le front.) Quelle bonne idée ! Je n'ai pas de vêtement, mais j'ai de quoi en acheter. (Remettant de l'argent à Malblanchi.) Tiens, petit, voici trois francs.

TAPOTTE, exaspérée.

Eh bien ! voilà le bouquet, à présent. Que reste-t-il de nos projets de chevaux de bois, de cirque Corvi, de *Tentation de Saint-Antoine* et de puces savantes ?

GEORGETTE.

Ce qu'il reste de tout ceci ? Mon Dieu, c'est bien simple : nous nous contenterons de voir tourner les chevaux de bois, d'assister aux parades des baraques sans y entrer, et quant aux puces, tu gratteras les tiennes ; ce sera une distraction comme une autre, et la journée n'aura été perdue pour personne.

MALBLANCHI.

Surtout pour vous, ma bonne petite demoiselle, qui avez fait une bonne action.

TAPOTTE.

Libre à vous, mademoiselle, de vous contenter des bagatelles de la porte ; mais je préfère rester à la maison plutôt que d'aller à la fête dans ces conditions. (Prenant un balai et ouvrant la porte du fond à Malblanchi.) Et quant à toi, Malblanchi de malheur, tu vas décamper au plus vite, sans quoi, je vais t'y aider.

MALBLANCHI.

Par la porte ?... Jamais de la vie, mam'zelle Maritorne, je ne m'engage que sur les routes que je connais et (Montrant la cheminée.) c'est par là, si vous le permettez, que je vais cheminer. Encore une fois, ma chère demoiselle, soyez bénie. Et toi, la bonne, je ferais mieux de dire la mauvaise, sois maudite ! (Il disparaît par la cheminée juste au moment où Tapotte va lui allonger un coup de balai.)

TAPOTTE.

Avez-vous entendu comme il a dit cela ? Je parierais qu'il tournera mal et qu'il finira... au théâtre.

GEORGETTE.

Ainsi, Tapotte, c'est bien décidé, nous ne sortons plus?

TAPOTTE.

C'est tout ce qu'il y a de plus décidé, chacun a son caractère, le mien ne me permet pas de voir les autres s'amuser sans m'amuser moi-même.

GEORGETTE.

Fort bien, j'accepte la pénitence, et je vais tâcher de m'en consoler en allant lire des histoires au fond du jardin dans le petit bosquet. (Elle sort par le fond.)

TAPOTTE, frappant du pied.

La peste de petite fille !... (Changeant de ton.) Enfin, à quelque chose malheur est bon ; une fois qu'elle a le nez dans ses livres, on a la paix pour un bon bout de temps, et je vais en profiter pour me plonger de mon côté dans mon livre de dépenses qui me donne une satisfaction bien autrement solide que toutes les plus belles histoires du monde !... Mais je l'ai laissé à la cuisine, courons l'y chercher.

SCÈNE III

MALBLANCHI, CHARABIA.

MALBLANCHI, sort de la cheminée hors de lui.

Le patron, Charabia !... Au moment où j'allais sortir de la cheminée pour gagner le toit, je me suis trouvé nez à nez avec lui. Je suis donc redescendu au plus vite ; mais il s'est élancé à ma poursuite... il est sur mes talons... je l'entends... Je suis perdu... où me cacher? Ah! derrière ce canapé. (Il se blottit derrière le canapé.)

CHARABIA, sortant de la cheminée.

Où est-il che chacripan de bochu? Che chuis chûr qu'il est ichi; car chechuis deschendu fouchtras chur ches pas de la chemina du haut en bas. Mais che ne le vois pas! Me cherais-je trompa de tuya? Cha doit être cha auchi che m'en vas, mais che le repinchera. (Il se dirige vers la cheminée tout en regardant autour de lui, et s'arrête en se grattant l'oreille.) Il n'y a perchonne dans che chalon, chest achez cochu ichi et, ma foi, puische que ch'y chuis, il y a peut-être un bon coup à faire. (On entend du bruit au dehors.) Chaprichti, quelqu'un, cachons-nous pour revenir, chicha che peut. (Il rentre dans la cheminée.)

SCÈNE IV

TAPOTTE, CHARABIA, MALBLANCHI.

TAPOTTE, arrive par le fond tenant à la main un agenda de dépenses, elle le pose sur le buffet qu'elle ouvre et dont elle retire du pain, un pot de confitures, elle se remplit un petit verre de madère et apporte le tout sur la table placée en avant de la scène.

Quand je suis seule, à défaut d'autres distractions, je trouve grand plaisir, comme dit madame, à luncher, d'autant plus que le madère de monsieur est excellent. (Elle retourne au buffet pour y aller prendre son agenda qu'elle a oublié. Pendant qu'elle a le dos tourné, Malblanchi quitte sa cachette à pas de loup, vide le verre de madère et regagne rapidement son gîte en se frottant l'estomac avec satisfaction.)

TAPOTTE, étant revenue à la table, prend machinalement le verre qu'elle porte à ses lèvres et est toute étonnée de le trouver vide.

Tiens, je croyais pourtant bien avoir rempli ce verre, où ai-je donc la tête aujourd'hui ? (Elle retourne au buffet. Pendant qu'elle remplit son verre à nouveau, Malblanchi sort de sa cachette qu'il regagne après s'être emparé du pain et du pot de confitures.)

TAPOTTE, après avoir pris son verre devant elle, prend son couteau dans sa poche et allonge la main comme pour prendre le pain sur la table.)

Faisons-nous maintenant une bonne tartine de cette excellente confiture, arrachée des griffes de cet affreux ramoneur, et quand nous l'aurons agréablement arrosée de ce madère exquis, nous établirons bien gentiment notre compte de marché d'aujourd'hui. (Fixant son regard sur la table avec étonnement, tandis que Malblanchi, assis derrière le canapé de façon à être vu du public, trempe dans le pot de confitures, dont il a troué seulement le couvercle en papier, des mouillettes de pain comme il l'aurait fait dans un œuf.) Ah !

c'est trop fort, par exemple, j'aurais juré que j'avais posé sur cette table un pot de confitures et du pain ; décidément, j'ai tout à fait la berlue, et pour me punir de mon étourderie, je ne luncherai, comme dit madame, qu'après en avoir terminé avec les chiffres. Comptons ! (Elle s'assied et tire un sac de la poche de gauche de son tablier, l'agitant en l'air.) La vache à lait ou le sac de madame. (Elle le pose à sa gauche et sort ensuite de sa poche de droite un autre sac beaucoup plus rebondi, qu'elle pose à sa droite.) Les mystères de l'anse, le sac à malice ou la colonne des profits sans perte, enfin le magot de Popotte qui prend du ventre à mesure que l'autre dépérit. (Montrant successivement les deux sacs.) La vache grasse et la vache maigre ! (Sentencieusement.) Sans l'instruction obligatoire, je n'aurais jamais trouvé ça. Mais parlons la langue de la comptabilité. (Puisant dans le sac de gauche et déposant ce qu'elle en retire dans celui de droite. Jeu de scène qui se renouvelle à chaque article de dépense.)

Sur poulet, caisse doit à anse. . 1 fr. 50
Sur sel, caisse à anse. . . . . . » fr. 50

Monsieur se plaint toujours de ce que rien n'est assez salé ; alors, à défaut d'autre chose, je sale la note. Sur beurre, c'est bien le moins qu'avec celui de madame, je fasse un peu le mien, donc ; caisse à anse. 1 fr.

Sur faux filet, passé comme filet, excellent article, celui-là, qui, comme celui des cheveux, permet, aisément, avec un peu de savoir faire, de donner au faux toutes les apparences du vrai ; donc, caisse à anse. . . .   1 fr. 75

Allumettes, caisse à anse. . . .   » fr. 25

C'est une misère, mais avec les allumettes, celles de la régie surtout, on gratte pour ainsi dire en pure perte. Récapitulons : cinq et cinq font dix, un et deux trois et sept dix et dix vingt ; deux et un trois et un quatre et un cinq. Arrêtons-nous ici. Tout en entendant bien ses intérêts, il faut avoir de la conscience, et la mienne m'a imposé comme règle, étant donnée la fortune peu conséquente de madame, de me contenter d'un profit de cinq francs par jour. Petit à petit l'oiseau fait son nid, et un jour viendra où j'aurai le sac.

CHARABIA, qui pendant la fin de cette scène est sorti de la cheminée et s'est avancé sans faire de bruit derrière Tapotte, ouvre un de ces grands sacs que portent les ramoneurs et y fait entrer rapidement Tapotte jusqu'à mi-corps.

Chois contente, ma fille, che jour il est arrivé !

TAPOTTE, se débattant.

Aïe ! Au voleur, à l'assassin !...

CHARABIA, qui profite de ce que Tapotte s'est levée pour l'envelopper dans le sac de la tête aux pieds.

Pas un cri, pas un mot, où je t'étrangle. Durechte, il faudra de toute fachon que che me débarrache de toi ; car tu me chênes pour l'ouvrache que ch'ai à faire ichi.

TAPOTTE, d'une voix suppliante.

Grâce, grâce ! monsieur le voleur, laissez-moi partir. Je ne dirai rien, je vous le promets.

CHARABIA.

Te laicher partir, pas chi chot, il faut que je t'enferme en lieu chûr ou que je te fache pacher le goût du pain !

TAPOTTE, vivement.

Enfermez-moi, enfermez-moi, j'aime mieux cela.

CHARABIA.

Où chà !

TAPOTTE.

Tenez, là, à droite, il y a le placard au linge sale.

CHARABIA, la tenant par le milieu du corps et la dirigeant, en la faisant sautiller, vers le placard qu'il ouvre.

Cha fera bien mon affaire, il n'y a pas

dischue par derrière, la porte che ferme en dehors. (Poussant Tapotte dans le placard.) Au linche chale, chiffon, et ne bouche pas churtout, chansquoi... cric. (Il fait le geste de tordre le cou et pousse la porte qu'il ferme au verrou.) Maintenant, me voilà tranquille. (Revenant vers la table.) Tiens, un verre de vin ! (Le prenant et buvant.) Che n'est chamais de refus, à la vôtre, la bonne ! (Au moment où il vide le verre d'un trait, Malblanchi, qui a quitté sa cachette, lui allonge un coup de pied par derrière et gagne rapidement la cheminée, dans laquelle il disparaît. Charabia faisant claquer sa langue et portant vivement la main à ses reins.) Il est bon che petit vin; mais il est chec et tape choliment à la tête ! Maintenant, à l'ouvrache, le magot de la cuichinière n'est pas à dédaigner, nous l'emporterons avec le reschte ; mais, pour le moment, rendons une petite vigite à che checrétaire qui chans doute en vaut la peine. (Il tire de sa poche un petit trousseau de crochets.) Avec cha on a ches entrées partout. (Il introduit un crochet dans la serrure du secrétaire qui s'ouvre.) Et la preuve, la voichi ! (Il ouvre rapidement tous les tiroirs qu'il examine, avec ravissement.) Ah ! chapristi, il y a gras. (Sortant un pistolet.) Tiens, un pichtolet, et tout chargé ma foi ; mettons-le en régerve, cha peut chervir à l'occagion. (Il pose le pistolet et retourne vers le secrétaire, dès qu'il a le dos tourné, Malblanchi sort de la cheminée, s'empare du pistolet et s'assied sur la table.) Quelle aubaine, quelle aubaine ! (Se grattant la tête en paraissant réfléchir.) Cheulement, comment pourrais-je emporter tout cha ? Ch'est drôle, tout de même, on n'est pas plus tôt riche, qu'on che trouve tout de chuite embarraché de cha fortune.

MALBLANCHI, d'un ton railleur.

Faudra-t-il vous donner un coup de main, patron ?

CHARABIA, se retournant en faisant un soubresaut.

Ah ! ah ! c'hest toi ?... Chapristi que tu m'as fait peur !

MALBLANCHI.

Je le sais bien, patron.

CHARABIA, d'un ton patelin.

Mais, je ne t'en veux pas, j'ai eu des torts avec toi ; eh bien ! je te pardonne !

MALBLANCHI, le couchant en joue.

Oui, mais moi, je ne te pardonne pas, vieux brigand.

CHARABIA, se garant.

Pas de bêtises, hein ! Il ne faut pas plaisanter avec les armes à feu.

MALBLANCHI.

Je ne veux pas plaisanter non plus; mais puisque le hasard vient de m'en fournir les moyens, je vais te faire me payer en une seule fois toutes les misères que tu m'as faites depuis cinq ans.

CHARABIA, presque suppliant.

Che te paierai che que tu voudras, che te promets même de partacher avec toi. (Montrant le secrétaire.) Tout che que tu vois là; mais rends-moi che pichtolet. (Il s'avance en étendant la main.)

MALBLANCHI, avançant également.

Arrière, vieux gueux, ou je tire!

CHARABIA, reculant avec colère.

Où veux-tu donc en venir?

MALBLANCHI.

Je te l'ai dit, à me venger en te livrant à la justice comme voleur, ou en te cassant ta vieille tête de pipe!

CHARABIA, serrant les poings.

Tu oges me menacher, mauvais moucheron?

MALBLANCHI, crânement.

Mais oui, moi que tu as tant battu, ça me

semble bon de te voir trembler aujourd'hui devant moi.

CHARABIA, manœuvrant pour gagner la porte du fond.

Ah! il ne chera pas dit que le chat che chera laiché prendre par un méchant chouricheau. (Il bondit brusquement sur la porte. Malblanchi lui barre le passage en lui mettant le pistolet sous le nez, il recule et s'adosse au pan-coupé de gauche et tâche de gagner la cheminée en disant à part:) Si che peux seulement arriva jusqu'à la chemina je chuis chauva! (Il arrive jusqu'à la cheminée, suivi dans ses mouvements par Malblanchi qui le couche toujours en joue. Arrivé en face du foyer, il s'accroupit brusquement comme pour y pénétrer; mais à ce moment une main le saisit par le fond de la calotte. — hors de lui, cherchant à se dégager.) Quest-che qui me prend au collet?.

SCENE V

Les Mêmes, LE GARDE CHAMPÊTRE.

LE GARDE CHAMPÊTRE, sortant de la cheminée.

C'est moi, la force armée de Noisy-les-Framboises, que (Montrant Malblanchi.) ce brave petit ramoneur a fait passer par un drôle de chemin, mais qui suis arrivé à temps pour t'arrêter au nom de la loi.

7.

CHARABIA, baissant la tête.

Fouchtra, che chuis pincha !...

SCÈNE VII

Les Mêmes, GEORGETTE.

GEORGETTE, rentrant tout effarée.

Grand Dieu ! que se passe-t-il ?

LE GARDE CHAMPÊTRE.

Il se passe que, sans ce crapaud-là, ma petite demoiselle, le malfaiteur, ici présent, faisait main basse sur tout ce que contenait le secrétaire !

GEORGETTE.

Est-il possible !... cher petit, comment t'exprimer..... (Changeant de ton.) Mais où est Tapotte ?

MALBLANCHI.

Tapotte, elle est au linge sale.

GEORGETTE.

Comment, au linge sale !

MALBLANCHI, ouvrant la porte du placard de droite.

Mais oui, tenez ! (Il fait sortir Tapotte du placard et la débarrasse de son sac dont elle sort le visage tout charbonné.)

GEORGETTE, riant.

Ah ! ma pauvre Tapotte, que t'est-il donc arrivé ?

TAPOTTE, encore tout interloquée.

Ne m'interrogez pas... la parole me manque.... j'en suis encore toute bleue.

LE GARDE CHAMPÊTRE.

Toute noire, vous voulez dire; durant que j'irai mettre ce gaillard là à l'ombre et que je me rendrai chez M. le juge de paix, vous aurez le temps, ma mie, de recouvrer l'usage de votre langue qui d'ordinaire est bien pendue. (Tapant sur l'épaule de Charabia.) Allons, moussu l'auvergnat, par le flanc gauche et par file à droite... arche! mais il serait peut-être prudent, préalablement, de refermer ce secrétaire.

MALBLANCHI, passant près de Charabia et lui enlevant prestement le trousseau de crochets qu'il tient à la main.

Ce qui sera d'autant plus facile que voici justement les clefs.

LE GARDE CHAMPÊTRE, les prenant.

Les fausses clefs, tu veux dire, circonstance aggravante, mon pauvre vieux, ah! tes draps ne sont pas blancs.

CHARABIA, hochant la tête.

Dame, un ramonia, chest le métier qui veut cha!

LE GARDE CHAMPÊTRE.

Il n'y manque rien, au moins, dans ce secrétaire?

CHARABIA.

Hélache non, vous pouvez me fouilla si vous voula.

MALBLANCHI, désignant les deux sacs de Tapotte restés sur la table.

Il n'y manque que ces deux sacs. (Il les prend et va les déposer dans le secrétaire.

TAPOTTE, s'avançant comme pour réclamer

Mais.....

CHARABIA, hochant la tête malicieusement.

Cha lui fait retrouver cha langue, cha.

LE GARDE CHAMPÊTRE.

Tu dis qu'elle donne sa langue aux chats... (A Tapotte.) Que veut dire ce mais?...

MALBLANCHI.

Ça veut dire... mets ces deux sacs avec le reste. (Bas à Tapotte.) Je ne veux pas tirer de toi d'autre vengeance, rends à César ce qui est à César.

TAPOTTE, tandis que le garde champêtre ferme le secrétaire.

Mes maîtres ne s'appellent pas César; mais ça ne fait rien, je me résigne de grand cœur;

car j'ai appris aujourd'hui à mes dépens, pour ne l'oublier jamais, que bien mal acquis ne profite jamais.

LE GARDE CHAMPÊTRE *sententieusement, se frappant la poitrine.*

Les proverbes mes enfants, croyez-en ma vieille plaque... (*Se reprenant.*) Ma vieille expérience, c'est la sagesse des nations.

CHARABIA, *pieusement.*

Ils auront touchours raijon.

GEORGETTE.

Et aujourd'hui plus que jamais! voyez comme j'ai été largement récompensée d'avoir témoigné un peu de compassion à ce pauvre petit ramoneur.

MALBLANCHI.

Et voyez comme le petit ramoneur bénéficiera de la mise au clou de son patron; il va hériter pour son compte de toute la clientèle et soupera à peu près tous les soirs!... Et dire que, jusqu'à ce jour, je désespérais de l'avenir.

LE GARDE CHAMPÊTRE, *lui tapant amicalement sur sa bosse.*

Tu avais tort; car un bienfait n'est jamais perdu.

FIN DE: UN BIENFAIT N'EST JAMAIS PERDU

LES
ÉTRENNES DE MARGUERITE

VAUDEVILLE EN UN ACTE

PERSONNAGES

HECTOR, jeune avocat.
PITANCHARD, carabin.
MARGUERITE, jeune ouvrière.

LES
ÉTRENNES DE MARGUERITE

(L'action se passe à Paris rue Rousselet, la scène représente une chambre d'ouvrière très simple, mais très proprette; à droite, cheminée surmontée d'une pendule et de vases, non loin de la cheminée, sur le devant de la scène, un petit guéridon de travail. A gauche, sur le premier plan, fenêtre, à droite de la fenêtre, une commode sur laquelle sont rangés divers bibelots d'ouvrière et une petite glace portative. Porte au fond, au milieu du panneau, chaises à droite et à gauche.)

SCÈNE PREMIÈRE

MARGUERITE, seule.

(Elle est assise à droite de la scène, auprès du guéridon sur lequel est étalée une cravate blanche, elle est occupée à recoudre des boutons à des gants blancs.)

J'étais folle de me bercer de ces chimères, car enfin je suis pauvre, Hector ne possède pas grand chose, ce mariage n'eût pas été raisonnable. Au surplus, il ne connaissait pas mon secret, et je ne puis lui en vouloir de ne pas l'avoir deviné. Je ne peux cependant m'habituer à cette idée : il va se marier ! C'est à dire qu'il va donner à un autre ce cœur que, malgré moi, en dépit de tous les cris de la raison, je n'ai jamais pu me défendre de convoiter, (Désignant du doigt la cloison à droite de la scène.) que cette petite chambre qui touche la mienne va cesser d'être habitée par une personne amie, que les douces causettes quotidiennes vont prendre fin, que mon réveil ne sera plus salué chaque matin par le bonjour amical qui m'arrivait à travers la cloison et que je ne m'endormirai plus doucement bercée par le bonsoir bienaimé qui me parvenait par le même chemin. C'était un bonheur de petite pensionnaire, bien modeste et bien innocent, et cependant il me suffisait, et cependant sa perte va me causer un grand vide. Je me sentais aimée, estimée, protégée, c'est à dire environnée d'une atmosphère de quiétude et de confiance et je ne demandais à mon sort que de rester longtemps ce qu'il était. (On frappe à la porte.)

SCÈNE II

MARGUERITE, PITANCHARD.

MARGUERITE.

Entrez !

PITANCHARD, entre, un peu négligé dans sa tenue, chapeau mou et conique, jaquette légèrement râpée, un tuyau de pipe sort de sa poche de côté)

Salut à la perle de la rue Rousselet. (Marguerite hoche la tête.) Oui, la perle, je maintiens le mot, et sa circonscription devrait s'étendre jusqu'aux fortifications.

MARGUERITE.

C'est de la flatterie.

PITANCHARD.

La flatterie? connais pas, bien que cette plaie sociale soit la parasite de la conversation et la pince monseigneur de toutes les bonnes grâces humaines. Si je vous dis cela, foi de Pitanchard, c'est que je le pense et aujourd'hui plus que jamais.

MARGUERITE.

Pourquoi plus aujourd'hui qu'un autre jour?

PITANCHARD, s'asseyant à droite du guéridon.

Parce que je suis furieux.

MARGUERITE.

Le jour est mal choisi, d'abord parce que nous sommes aujourd'hui le premier janvier et que c'est mal commencer l'année, ensuite parce qu'on est obligé d'être en belle humeur lorsqu'on est de noce.

PITANCHARD.

Voilà justement ce qui me chiffonne, c'est que suis de noce et que vous n'en êtes pas.

MARGUERITE.

Mais il n'y a aucune raison pour que j'en sois ; monsieur Hector se marie dans un monde où je ne serais pas à ma place.

PITANCHARD, frappant le guéridon du poing.

Dans un monde ?... Ah ! ne dites pas cela ! Autre plaie sociale que ce mot là ! (s'échauffant.) Il y a des gens qui me font suer, ma parole d'honneur, avec leur prétention de s'arroger pour eux et leur séquelle, un compartiment réservé sur la machine ronde, parce qu'ils s'appellent de Château-Branlant et que d'autres répondent au nom moins ronflant de Pitanchard ou de Grenouillet. Le monde, le monde, pour moi, pris dans le sens de cette vaste fourmillière où les hommes grouillent, se poussent, se coudoient et vivent comme ils peuvent, il se divise en quatre parties : la région des gens d'esprit et celle des imbéciles, celle des honnêtes gens et celle des coquins.

MARGUERITE.

Bon ! vous voilà encore parti dans vos théories à n'en plus finir.

PITANCHARD, hochant la tête.

Il faut avouer que je ne saurai bientôt plus sur quel pied danser, car tandis que vous condamnez mes théories, d'autres m'accusent d'être quelque peu pratique.

MARGUERITE.

Ce dernier reproche est exagéré, la tenue chez vous, je le confesse, laisse quelquefois à désirer, mais vous avez un cœur d'or.

PITANCHARD.

Malheureusement non, car s'il était en ce précieux métal il y a beau temps que je l'aurais fait fondre ou que j'en aurais demandé la monnaie.

MARGUERITE.

Tenez, vous ne serez jamais sérieux.

PITANCHARD.

Etre sérieux?... mais ce serait ma ruine à moi qui n'ai pour tout bien que ma pipe, mon sans gêne et mon entrain.

MARGUERITE.

Cependant, quand vous serez médecin, il faudra bien vous observer un peu?

PITANCHARD.

D'abord le doctorat ne m'apparaît qu'à travers des horizons lointains, les sujets de notre époque me font pitié et je me réserve pour une génération plus forte. Et puis quand je serai médecin, ma méthode consistera à tâcher de faire rire mes malades. Au lieu de les empoisonner de drogues je ne leur prescrirai que ce qui leur fera plaisir et je jugerai de la gravité de leur état à la façon dont ils supporteront (Il sort sa pipe de sa poche et la montre.) le parfum de Mélanie. Qui sait?... J'en guérirais peut-être tout autant qu'un autre. (Marguerite sourit.) Et voyez, alors que des montagnes d'examens me séparent encore du but, je vous prouve que mon système a du bon, puisque je viens de vous faire sourire alors que vous n'en aviez pas la moindre envie.

SCÈNE III

Les Mêmes, HECTOR.

HECTOR, en pantalon noir, gilet ouvert, mais en veston de chambre. A Pitanchard.

Comment, tu es encore là, et dans cette tenue, quand il faut que nous soyons avant une heure à la mairie du septième?... Allons, va mettre ton habit et dépêche-toi.

PITANCHARD.

Mon habit! Tu veux dire l'habit que j'ai loué; car tu m'estimes assez, je l'espère, pour ne pas me supposer le propriétaire de ce sifflet en drap noir qui vous donne l'apparence d'une pie. L'habit! en voilà encore une plaie sociale! Je vous demande un peu si le fait de l'avoir endossé rend plus solide la soudure matrimoniale? J'en serai bien de sept francs cinquante pour ton habit et ses accessoires; et encore ne peut-on me le livrer qu'après dix heures, un chef de bureau l'ayant retenu avant moi pour aller présenter ses souhaits de nouvel an à son ministre. En bonne conscience, n'est-ce pas une anomalie de comprendre l'habit dans l'étiquette sous le régime parlementaire qui est pour les ministres celui des vestes par excellence. (Se levant.) Enfin, on va voir s'il est rentré, cet habit; mais laisse-moi te redire encore que c'est passablement baroque de se marier le premier janvier.

HECTOR.

Je ne suis pas de ton avis ; c'est vouloir tout simplement bien commencer l'année...

PITANCHARD, haussant les épaules.

En faisant une fin ?... Pauvre avocat, tu me fais pitié avec tes antithèses !! (il sort).

SCÈNE IV

HECTOR, MARGUERITE.

MARGUERITE, lui présentant sa cravate blanche.

Voici votre cravate, monsieur Hector, est-elle repassée à votre goût ?

HECTOR.

Elle est irréprochable et blanche comme l'âme de mon aimable voisine.

MARGUERITE.

Ce n'est plus à votre voisine, mais à celle qui va être bientôt votre femme, que doivent revenir désormais vos flatteuses comparaisons.

HECTOR, hochant la tête avec indifférence.

Oh ! ma femme !

MARGUERITE.

Comme vous dites cela ! J'espère bien cependant qu'elle personnifie à vos yeux l'idéal de la grâce et de la vertu ; que vous l'admirez, que vous l'adorez, et je vous ai en assez haute estime pour être sûre que vous ne lui donnez votre nom qu'à bon escient.

HECTOR, s'asseyant — avec mélancolie.

Je lui donne mon nom de Tulipier, qui n'a d'autre mérite que de commencer à être connu au Palais, parce que ma tante Marcassin ne me couche sur son testament qu'à ce prix ; quant à ses vertus, à ses agréments et à ses charmes, très appréciables à coup sûr, ils pâlissent considérablement à mes yeux auprès de ce nom brillant d'Eliane de Châteaubranlant devant lequel s'ouvrent à deux battants toutes les portes du noble faubourg. C'est quelque chose que d'avoir du talent dans la noble profession d'avocat ; mais, dans celle-ci comme dans beaucoup d'autres, on n'arrive à quelque chose qu'à la condition d'ajouter à son arc cette corde puissante qui s'appelle les relations.

MARGUERITE.

Ah ! que vous me faites de la peine, monsieur Hector. Je ne vous reconnais plus, vous dont l'âme m'avait semblé si élevée, si délicate et si tendre.

HECTOR.

Votre indulgence à mon endroit vous illusionnait, ma chère voisine, et l'honneur des quelques qualités que vous vous plaisiez à m'attribuer ne revenait absolument qu'à vous. De même que mon âme est susceptible de s'adapter au milieu positif qui l'attend, de même elle s'abandonnait délicieusement à la douce influence que la vôtre exerçait sur elle dans ce petit coin tout parfumé de poésie. Ah ! que j'étais loin des plaisirs de convention que vous offre le monde quand votre voix si pure me berçait dans une gentille chanson, et comme je me reposais des niaiseries creuses qui caractérisent les conversations mondaines en écoutant le langage de votre brave petit cœur toujours attrayant parce qu'il était toujours simple et sincère. Et quelles bonnes heures que celles où vous m'avez permis de venir m'accouder près de vous sur la barre d'appui de votre fenêtre. Les grands jardins des hôtels voisins où plongeait notre regard nous semblaient être plus à nous qu'à leurs possesseurs réels, nous prenions pour nous les chants de leurs oiseaux, et, tandis qu'au-dessous et derrière nous tout semblait grouiller dans le quartier sombre et boueux de la rue Rousselet, le printemps nous faisait fête avec des épanouissements qui semblaient nous être destinés. Et l'hiver, Marguerite, l'hiver nous apportait aussi ses joies : c'était comme un gentil piquenique de chauffage ; j'arrivais avec ma bûche qui changeait en joyeuse flambée la lueur pâle que projetait tristement un instant auparavant votre petite bûche solitaire. Je dépouillais un dossier tandis que vous façonniez une guimpe ou un bonnet, nous échangions un mot de temps à autre, et notre travail s'en trouvait allégé. Vous me consultiez quelquefois sur l'effet d'une dentelle ou d'un ruban et vous me donniez en échange votre avis sur la valeur d'un argument de plaidoirie. C'était une intimité suave parce qu'elle s'exhalait en dehors de toute arrière-pensée et comme vivifiée par une estime et une confiance réciproques.

MARGUERITE, soupirant.

Oui, nous étions bien heureux (Avec un ton d'assurance un peu contraint), mais nous ne cesserons pas de l'être ; car il y aura du bonheur pour moi dans l'assurance du vôtre. (Lui remettant une paire de gants blancs.) Voici vos gants, monsieur Hector, les boutons tiennent bien maintenant.

HECTOR.

Merci, Marguerite. (Examinant attentivement ses gants.) Tiens, qu'est-ce que c'est que cette petite tache ?

MARGUERITE, un peu troublée.

Oh ! fort peu de chose : une piqûre d'humidité, la marque d'une goutte d'eau.... que sais-je ?

HECTOR, affectueusement.

Ce n'est rien de tout cela ; c'est tout simplement une larme. Vous avez les yeux un peu rouges, Marguerite, vous avez dû pleurer. Auriez-vous quelque chagrin ?

MARGUERITE.

Du chagrin ? non ; mais il y a des heures

où malgré soi on se laisse envahir par des idées tristes. Tout à l'heure, en recousant les boutons de ces gants, je réfléchissais que c'était aujourd'hui le premier janvier, qu'il y a tout juste un an j'avais encore ma mère auprès de moi, que vous m'avez apporté des fleurs, que n'ayant pas de famille à Paris vous l'avez remplacée par la nôtre, et que vous nous avez consacré cette journée que l'union intime et franche empreint d'un si grand charme. Je me souvenais, hélas, que quelques semaines plus tard cette pauvre mère m'était brusquement enlevée, qu'à travers le déchirement de mon âme, j'avais cru entrevoir l'effondrement de ma vie ; mais qu'au moment où je me croyais abandonnée de toute la terre, vous étiez venu fraternellement à moi, vous m'aviez tendu la main, et, à force d'attentions délicates et d'affectueuse sollicitude, vous aviez su adoucir ma peine. Votre voisinage, je puis bien vous l'avouer, était devenu ma consolation la plus douce ; et, dame, en songeant au vide que votre départ allait creuser autour de moi, je me suis senti le cœur un peu gros, j'ai pleuré comme une égoïste que j'étais et, à mon bien grand regret, j'ai taché l'un de vos gants.

8.

HECTOR, lui prenant la main.

Une larme ne tache pas, ma chère Marguerite, c'est une perle de rosée qui ne tombe jamais que de la fleur rare qui s'appelle sincérité ; aussi faut-il bien se garder de l'effacer. Recueillons-là au contraire bien soigneusement, cette chère petite larme, conservons en la trace bénie, et, à ces heures précieuses où le cœur se fond dans un tendre souvenir, contemplons-là en disant : là était l'affection sans bornes, là était le dévouement vrai, là était... (Baissant légèrement la voix.) l'amour !

SCÈNE V

Les Mêmes, PITANCHARD.

PITANCHARD, entrant vêtu d'un habit trop long, d'un chapeau trop large et d'un pantalon trop court; il tient à la main une boîte carrée en carton.

Enfin, suis-je assez empaillé, fagoté, attifé, endimanché, carnavalisé, tout ce que vous voudrez ?... Si les copains de la brasserie de la Sauterelle en convalescence me surprenaient dans ce costume cérémonial, notarial et matrimonial (Montrant le pan de son habit.) ils m'attacheraient bien sûr une casserole à la... balayeuse. (Remettant à Hector sa boîte en carton.) Tiens, voici un carton que vient de me remettre pour toi, au moment où j'entrais, une brunette espiègle qui m'a dit en même temps de sa voix flûtée : « Faites bien attention, car vous me faites l'effet de ne pas avoir l'habitude de manier ces choses-là ! » Qu'est-ce que ça peut bien être ?

HECTOR, ouvrant la boîte.

C'est la couronne de fleurs d'oranger que j'avais recommandé de m'apporter ici, voulant la remettre moi-même à ma future.

PITANCHARD.

De la fleur d'oranger ! En voilà encore une plaie sociale, pourquoi celle-là plutôt qu'une autre ! J'aimerais autant de la fleur d'églantier, ce serait plus piquant !

HECTOR, montrant la couronne à Marguerite.

Comment la trouvez-vous ?

MARGUERITE, un peu émue.

Ravissante.

HECTOR.

N'est-ce pas ? mais vue ainsi on juge incomplètement de son effet, voudriez-vous me rendre un petit service ?

MARGUERITE.

Lequel ?

HECTOR.

Ce serait de vouloir bien la poser un tout petit instant sur vos jolis cheveux blonds.

MARGUERITE.

Quelle folie !

PITANCHARD.

J'affirme d'avance qu'elle s'y trouvera plus avantageusement que sur le chef de haute damoiselle de Châteaubranlant !

MARGUERITE, à Hector.

Non, je vous en prie, votre future se froisserait, à bon droit, de cette plaisanterie, si elle venait à en avoir connaissance.

PITANCHARD.

Eh bien ! elle se défroissera, voilà tout ! son nom de Châteaubranlant a bien froissé mes opinions politiques ! Les froissements, mais c'est le pain quotidien de la société. (Appuyant doucement sur l'épaule de Marguerite, la faisant s'asseoir et prenant la couronne des mains d'Hector.) Laissez-moi faire, les barbiers étaient autrefois chirurgiens, un carabin peut bien de nos jours être coiffeur pour dames. Nous allons voir si la petite mijaurée de tout à l heure avait raison de dire que je ne savais pas manier ces choses-là. (Il pose la couronne sur la tête de Marguerite qui, s'apercevant dans la petite glace qu'Hector tient devant elle, porte son mouchoir à ses yeux et fond en larmes.

HECTOR, tendrement.

Comme cette couronne vous va bien, ma chère Marguerite, et qu'il serait dommage de ne pas vous la laisser !

MARGUERITE, s'essuyant les yeux.

Je suis une folle, ne faites pas attention, mais, de grâce, ne prolongez pas cette plaisanterie que je suis assez sotte pour ne pas supporter de sang-froid.

HECTOR.

Il n'y a pas de plaisanterie, ma chère Marguerite, il ne s'agit que d'une surprise un peu maladroitement ménagée, mais bien intentionnée, soyez-en sûre.

MARGUERITE.

Je ne comprends pas.

HECTOR, souriant.

Quel jour sommes-nous aujourd'hui ?

MARGUERITE.

Mais, le premier janvier, vous le savez bien.

HECTOR.

Que vous ai-je donné l'année dernière à pareil jour?

MARGUERITE.

Un bouquet de roses blanches, qui, tout fané qu'il soit (Désignant la commode.) est encore là bien soigneusement enveloppé.

PITANCHARD.

Et moi, comme je me trouvais à sec, tout à fait par hasard ce jour-là, je n'ai pu vous offrir qu'une orange, mon dessert des grands jours à la gargote du Matou-de-Garenne.

HECTOR, lui ôtant la couronne de dessus la tête et la lui présentant, à Marguerite.

Eh bien! permettez-moi de vous offrir aujourd'hui ces fleurs qui ne faneront jamais, que nous n'étalerons pas sous verre sur un coussin de velours, mais que nous contemplerons souvent avec amour, comme la vignette de notre gentil roman, quand vous serez ma femme.

MARGUERITE, avec joie.

Votre femme?... (Avec une intonation inquiète.) Mais que dira votre tante Marcassin, que deviendra mademoiselle Eliane de Châteaubranlant?

HECTOR.

Ma tante Marcassin a été la plus malheureuse des femmes avec son mari qui ne l'avait épousée que pour sa dot, et m'a signifié qu'elle me déshériterait si je ne faisais pas un mariage d'amour; quant à mademoiselle Eliane de Châteaubranlant, ce n'est qu'une future de comédie imaginée par cet excellent Pitanchard pour soutenir notre petite intrigue.

MARGUERITE, *serrant avec effusion la main d'Hector.*

Ah! je suis bien heureuse!

PITANCHARD.

Et moi, donc! *(Posant le doigt sur la couronne que tient Marguerite.)* Tout libre penseur que je suis, je suis superstitieux en diable, et l'on ne m'ôtera jamais de l'idée que ma pauvre petite orange de l'an passé a fait des petits cette année...

MARGUERITE, *l'interrompant.*

Pour les étrennes de Marguerite!...

FIN DE : LES ÉTRENNES DE MARGUERITE

UN VOL A L'AMÉRICAINE

COMÉDIE EN UN ACTE

PERSONNAGES

TOURNIQUET.

CANARDIER.

VÉRONIQUE CROQUIGNOLE. Ce rôle peut à la rigueur être joué par un homme.

UN VOL A L'AMÉRICAINE

La scène se passe à Paris, dans une maison meublée de la rue Gît-le-Cœur. — Le théâtre représente une antichambre pouvant servir de pièce commune à deux chambres dont les portes se font vis-à-vis.

SCÈNE PREMIÈRE

TOURNIQUET, seul.

Il arrive par le fond, tenant sous un bras un plumeau et sous l'autre une robe de soie.)

Qu'eussiez-vous fait à ma place? Principal locataire et pipelet à la fois du numéro 14 de la rue Gît-le-Cœur, je m'étais laissé refaire; on dit que l'on ne se refait pas, cela est possible; mais, ce qui est incontestable, c'est que du moment que l'on a des locataires, on arrive toujours, un jour ou l'autre, à être refait. Je me voyais donc la dupe de deux locataires des plus douteux, l'un de mon sexe et l'autre de celui de madame Tourniquet, mon épouse, quand, pour tirer mon épingle du jeu, il germa sous mon crâne une idée... fantasmagorique. Cette idée consistait tout simplement à unir par le mariage les deux destinées de mes débiteurs ! Opération insensée, allez-vous me dire ? De cette union de la faim avec la soif il ne peut naître que l'inanition ! Erreur immense, vous répondrais-je, car si lui était un meurt de faim sincère, elle, n'était qu'une indigente pour rire qui ne cherchait qu'à me frustrer de son terme. Comment m'y suis-je pris pour pincer au piège cette locataire aussi peu délicate que remplie de duplicité ? c'est ce que vous saurez tout à l'heure, mais ce que je puis vous dire, dès à présent, c'est que mon astucieuse machination m'assure une prime de 1,917 francs immédiatement après le mariage qui sera célébré dans une heure. (Montrant la robe et l'époussetant.) Voilà justement la toilette nuptiale de la veuve Croquignole qui va devenir madame Canardier. (On entend sonner.) Tenez, vous avez entendu ? C'est la mariée qui m'appelle pour avoir sa robe, quelque chose d'un peu ébouriffant, n'est-ce pas, que j'ai louée chez une marchande à la toilette de mes amies, qui m'a cédé en même temps un plat de gras-double d'occasion pour le repas de noces. (On sonne de nouveau.) On y va, mon Dieu, on y va ! (Se dirigeant vers le fond, puis revenant en se frappant le gousset.) Vous saurez que si je n'avais pas considéré l'opération comme excellente, je n'aurais pas avancé tous les frais comme je l'ai fait ! (Il sort par la porte de droite.)

SCÈNE II

CANARDIER, seul.

(Il sort de la chambre de gauche, en manches de chemise, les bretelles sur les épaules, une savonnette à la main et un côté de la figure barbouillé de savon.)

Aristide mourut pauvre, mais moi, tel que vous me voyez, Aristide Canardier, je touche au seuil d'une paisible aisance. Ancien professeur de flageolet à l'asile public des chiens aveugles de Saint-Maixent, ex-rédacteur en chef de l'Ecrevisse libérale de Pithiviers et actuellement colporteur d'insecticide Vicat, je désespérais de la vie, et, pour en finir avec elle, j'étais sur le point de m'administrer un soufflet de ma marchandise, quand une planche de salut s'offrit à moi sous les traits de ma voisine d'en face, la veuve Croquignole, dont j'épouse dans quelques instants la respectable aisance et les agréments physiques... encore, ma foi, dignes de considération ! Elle me croit millionnaire ! Ah ! c'est toute une histoire, déloyale de mon côté, mais dont Tourniquet mon propriétaire et mon portier, est l'auteur principal. Cet honorable gredin auquel, je devais deux termes, flairant en moi un diable qui n'avait pas de cheveux, n'osant pas d'autre part, mettre la main sur ma marchandise foudroyante pour la vermine, et ne pouvant se résoudre néanmoins à m'avoir hébergé en pure perte, entra, il y a quinze jours, sournoisement dans ma chambre, et au lieu de saisir mon unique culotte, qui je dois le dire, manquait totalement de fond, me dit à brûle pourpoint : « Canardier, voulez-vous, vos dettes acquittées, une femme charmante, et une opulente oisiveté jusqu'à la fin de vos jours ?... Si oui, c'est fait, sinon, je vous flanque à la porte, en retenant les deux chaussettes dépareillées qui représentent tout votre linge de corps.

SCÈNE III

CANARDIER, TOURNIQUET.

TOURNIQUET, *sortant de la chambre de droite, son plumeau sous le bras, coupant la parole à Canardier et continuant sa phrase.*

Vous tombâtes évanoui dans mes bras en me demandant de mes cheveux et me jurant une obéissance passive !

CANARDIER, *reprenant.*

Soyez passif, mais actif en même temps, reprit Tourniquet, et je vous promets de ne pas rester neutre. Imaginez-vous que cette sournoise de veuve Croquignole reçoit plusieurs fois par semaine des lettres chargées ; malgré tous ses stratagèmes, pour m'empêcher de voir le facteur monter chez elle, j'ai découvert le pot aux roses, à l'aide de quelques petits verres, j'ai délié la langue de l'homme aux valeurs déclarées et j'en ai appris que cette locataire inexacte recevait ainsi par la poste plus de trois mille francs par mois et qu'elle avait gagné toute une fortune dans la fabrication du pain d'épices au moyen de la réduction par l'acide nitro-gendarmique des vieilles culottes de peau. Ce procédé est, paraît-il, étonnant dans ses conséquences et, notamment, à la dernière foire de la place du Trône, il a permis à un ancien hussard de la garde, rien qu'en mettant sous la dent un morceau de cette composition, de reconnaître immédiatement un de ses camarades.

TOURNIQUET, poursuivant.

Infatigable dans ma corruption, j'obtins de mon facteur, grâce à quelques tournées supplémentaires dont il ne se plaignit pas, qu'il ne sortît jamais de chez la veuve Croquignole sans lui dire (Sortant de la poche de son tablier un rouleau de papier ficelé et cacheté.) en lui montrant ce rouleau façonné par moi : « Je vais de ce pas remettre la liasse d'obligations que vous voyez à votre voisin, monsieur Canardier, président du conseil d'administration de la société générale insecticide, chevalier de l'ordre du Ouistiti et trésorier de la compagnie des vélocipèdes aériens, au capital de quatre-vingt-dix millions de kilogrammes de pommade camphrée garantis par inscriptions hypothécaires sur les requins du lac de Genève !...

CANARDIER.

L'effet fut prodigieux; car au bout de huit

jours à peine, la riche veuve Croquignole priait le perfide Tourniquet de la mettre en rapports avec le fortuné, le puissant (Avec fatuité.) et le séduisant Canardier.

TOURNIQUET.

L'intelligent Tourniquet qui avait tout prévu éternua avec force, poussant ainsi son cri de ralliement.

CANARDIER.

Je m'élançai immédiatement hors de ma chambre, en m'écriant avec un effroi simulé : Fermez le compteur ! D'où part l'explosion ?...

TOURNIQUET.

De chez moi, reprit l'aimable veuve, en rejoignant Canardier sur le palier, je n'y suis pour rien, mais si j'avais laissé éclater toute l'admiration que m'inspirent votre renommée et votre talent, vous auriez entendu bien autre chose !

CANARDIER.

Alors, séance tenante, elle me consulta sur un placement qu'elle avait envie de faire à la Banque paludéenne, instituée dans le but de mettre à sec les marais et les actionnaires. Le lendemain, autre entretien financier sur la société philanthropique du coup de sang, dont les membres sont, moyennant douze francs par an, saignés plus souvent qu'ils ne le voudraient. Le troisième jour, conversation palpitante sur l'avenir industriel des ressorts de montre en papier mâché, et enfin le quatrième jour... (D'un ton de triomphe.) Le quatrième jour, déclaration....

TOURNIQUET, lui coupant la parole.

De faillite ?...

CANARDIER.

De faillite, si l'on veut, puisque j'ai déposé ce jour-là, entre les mains potelées de l'irrésistible veuve, le bilan de mon cœur...

TOURNIQUET.

.... Dont j'ai exposé la situation dans le bouquet à Chloris que voici. (Déclamant.)

J'étais friand de croquignoles
Alors que j'étais tout petit,
Et je jure, si tu convoles,
De retrouver mon appétit.
Ton petit nom est Véronique.
Mais, bien qu'on dise en botanique,
Cette plante sudorifique,
Je me ferais plutôt tuer,
Que de dire : elle me fait suer !

CANARDIER.

Ces petits vers consécutifs causèrent à la veuve Croquignole une ivresse telle qu'elle me dit en soupirant : « Ah ! pourquoi êtes-vous riche ?... »

TOURNIQUET, à un des parquois.

Nous voulons donc faire encore des cachotteries à notre pépère, riposta incontinent le perspicace Tourniquet, à la sournoise rentière que la confusion rendit écarlate ?...

CANARDIER.

A quoi bon, soupirait-elle, en baissant la tête, puisque vous avez découvert mon secret? J'ai quelque bien et je le regrette, car il m'eût été bien doux de n'avoir été recherchée que pour moi et rien que pour moi !

TOURNIQUET.

Canardier me tenait hier soir absolument le même langage, s'écria d'une voix lyrique l'inépuisable Tourniquet ! Que voulez-vous, le même regret se manifeste de part et d'autre, il se balance, balancez donc vos scrupules, détournez vos yeux de ce vil métal, qui vous offusque et laissez vos cœurs s'envoler vers les régions idéales où il sont dignes de planer côte à côte !

CANARDIER.

Véronique, attendrie, répondit par un sourire humide au baiser que Canardier enivré déposa sur sa main grassouillette... (Tous deux s'avançant près de la rampe.)

ENSEMBLE

TOURNIQUET.	CANARDIER.
Et voilà comment, moi, Aristide Canardier, j'épouse ajourd'hui la veuve Croquignole !	Et voilà comment Aristide Canardier épouse aujourd'hui la veuve Croquignole !

TOURNIQUET.

Comme vous le voyez, j'ai manœuvré avec autant de dévouement que d'habileté et j'ai réussi ; à vous, maintenant, de tenir vos engagements en disant à votre femme, à la première lettre chargée qui lui arrivera : « Chère amie, permettez-moi, en ma qualité de chef de la communauté, d'offrir le montant de cette lettre au brave Tourniquet (Appuyant.) au brave Tourniquet comme témoignage de notre reconnaissance.

CANARDIER, riant

De nos reconnaissances ?... (Se grattant la tête.)

Brave Tourniquet, brave Tourniquet?....
Hum!

TOURNIQUET.

Vous hésitez?... alors tout est rompu!...

CANARDIER, l'arrêtant vivement par le bras.

Pas de bêtises, hein! Je dirai tout ce que tu voudras, seulement tout ce que je te dois?...

TOURNIQUET.

Se trouvera acquitté illico. C'est entendu. Des soixante francs que vous me devez ainsi que des vingt-trois francs à recouvrer sur la veuve Croquignole, il ne sera plus question entre nous, ni ni c'est fini, ni vu ni connu je t'embrouille, ma petite commission de 1,917 francs me suffit, et en dehors d'elle je n'écoute plus que l'intérêt que je vous porte.

CANARDIER, à part.

Un intérêt à deux mille trois cents francs pour cent! Vieux filou, va! (Haut, se dirigeant vers sa chambre.) Allons, c'est entendu, je vais me raser. (Il sort.)

TOURNIQUET, se dirigeant vers la porte du fond.

Va te raser, mon vieux dindonneau, en attendant que je te plume! (Il sort.)

SCÈNE III

VÉRONIQUE, seule.

(Elle sort de sa chambre, sa mise est d'une élégance excentrique.)

Mon mari n'est pas encore là ? Quand je dis mon mari, je veux dire mon futur mari, car il ne l'est pas encore ; mais il le sera dans une demi-heure ! Oui, je convole, je fais un mariage de raison ; j'épouse un millionnaire ! Sans cette qualité primordiale et déterminante, je n'aurais jamais pu me résoudre à mettre ma main dans celle de ce pot à tabac qui a nom Canardier ! Pas méchant, à coup sûr, bonne pâte, si vous voulez, mais empâté comme on ne l'est pas, et puis dénué absolument de cette vivacité d'imagination, de cette tendresse de cœur et de cette quintessence de sentiment qui me caractérisent ; car toute veuve Croquignole que je suis encore, toute femme Canardier que je vais devenir, je suis le dernier rameau d'une des vieilles branches les plus illustres : je descends en droite ligne de la famille de la Mansarde, très proche elle-même de celle des des Toitures, de son côté alliée des des Gouttières ; je dégringole donc de haut comme vous le voyez, mais de moelleuses liasses de billets de banque vont amortir ma chute, et grâce à leur puissance magique, j'en arriverai peut-être à trouver mon mari charmant !

SCÈNE IV

VÉRONIQUE, CANARDIER.

CANARDIER, *sortant de sa chambre et s'avançant sur la pointe des pieds jusqu'à Véronique. D'un ton attendri.*

Vous trouvez votre mari charmant ? Vous vous l'avouez à vous-même, vous croyant seule ! Ah ! Véronique, les absents n'ont donc pas toujours tort ?...

VÉRONIQUE, à part.

Ciel ! m'aurait-il entendue ?... (Haut.) Ce ne sont point les absents qui ont tort, mais bien les indiscrets qui essayent de surprendre la pensée des gens !

CANARDIER.

La vôtre m'a paru si flatteuse pour moi que je regrette de n'en avoir saisi que les derniers mots.

VÉRONIQUE.

Ne regrettez rien, futur privilégié ; car ces

derniers mots renferment le plus doux des aveux et vous promettent le bonheur !!

CANARDIER, d'un ton sentimental.

Ah ! Véronique, vous êtes angélique !

VÉRONIQUE.

Allons, assez de botanique comme cela, homme trop poétique ; pour un instant encore rentrez dans le monde réel et parlez-moi des dispositions que vous avez prises en vue de la cérémonie qui se prépare. (Jouant la tristesse.) Vous le savez, mon ami, le peu de famille qui me reste, plantant ses choux à Montévideo, me fait défaut en ce jour mémorable, et vos frères, retenus par leurs affaires dans la Nouvelle-Calédonie, nous manqueront également ; nous en serons donc réduits aux simples invités.

CANARDIER.

Mais, je n'ai invité personne !

VÉRONIQUE.

Nous aurons tout au moins les témoins ?

CANARDIER.

Les témoins sont d'ordinaire des gens compassés et ennuyeux qu'il faut nourrir et amuser ; je me suis arrangé pour les payer purement et simplement. C'est encore ce qu'il y a de meilleur marché !

VÉRONIQUE.

Vous voulez payer nos témoins ?

CANARDIER.

Mon Dieu, oui, chacun un franc par tête, pas un sou de plus, pas un sou de moins.

VÉRONIQUE.

Mais quels gens est-ce donc ?

CANARDIER.

De simples et braves commissionnaires, racolés par Tourniquet, qui se rendront à pied à la mairie ainsi qu'à l'église et nous laisseront tranquilles une fois leur mission accomplie.

VÉRONIQUE.

Savez-vous, mon ami, que cette simplification des témoins est une véritable invention pour laquelle vous devriez prendre un brevet ! Ainsi, nous serons entièrement l'un à l'autre durant cette chère journée ? (Tendrement.) Si vous voulez, nous nous envolerons tous deux du côté d'un de ces bois fleuris de la banlieue où l'on moissonne à chaque pas le muguet enivrant et la fraise embaumée ?...

CANARDIER, ravi.

Ah! ne me parlez pas ainsi, Véronique, vous me rendez mes vingt ans! (A part.) Le muguet, la fleur des bois, tout cela rentre dans mes moyens. (Haut.) Je suis dans un transport!

VÉRONIQUE.

Pour le transport, nous n'avons que l'embarras du choix, nous pourrions prendre un canot?

CANARDIER.

Un canot? (A part.) C'est que je suis loin d'être à flot! (Haut avec contrainte.) Un canot? Certainement, ce serait très gentil; mais...

VÉRONIQUE.

Vous avez l'air de ne pas apprécier beaucoup le canotage? (Souriant.) Ah! Je vois ce que c'est, vous ne savez pas ramer, n'est-ce pas?

CANARDIER, timidement.

Je vous avouerai, en effet, que.... et puis, je n'ai pas le pied très marin.

VÉRONIQUE.

C'est dommage; mais nous avons, fort heureusement, d'autres cordes à notre arc:

je crois me rappeler que vous avez servi dans les hussards?

CANARDIER, faisant mine de friser crânement sa moustache.

Au septième, premier escadron, deuxième section, ma commandante!

VÉRONIQUE.

Parfait! alors vous savez monter à cheval?... moi j'étais naguère encore une amazone assez solide pour avoir conservé une certaine assiette ; que penseriez-vous d'une cavalcade sentimentale à Robinson où Montmorency?

CANARDIER, feignant l'approbation.

Ah! ce serait très gentil, très gentil, tandis que nos montures galoperaient côte à côte, nous ferions faire à nos pensées des courses folles dans le pays des rêves, de temps à autre vos boucles soyeuses, taquinées par le vent, apporteraient à mon front une furtive caresse, ce serait enchanteur, mais... (A part, tapant sur son gousset.) je n'ai pas un radis, avec quoi veut-elle que je loue des chevaux?

VÉRONIQUE.

Je ne m'explique pas cette nouvelle hésitation, vous ne pouvez pas redouter le cheval puisque vous avez servi dans les hussards ?

CANARDIER, avec embarras.

C'est que... je vais vous dire, mon régiment était un régiment de hussards à pied !

VÉRONIQUE.

Ah ! c'est singulier, j'avais toujours cru que les hussards...

CANARDIER, l'interrompant.

Ah ! dans le civil on croit comme cela bien des choses, ainsi au septième, nous n'étions à cheval que sur le papier et dame, vous comprenez, mon éducation équestre s'en est ressentie...

VÉRONIQUE, avec un peu de dépit.

Ta, ta, ta, vous vous défiez trop de vos moyens, puisqu'il en est ainsi nous prendrons des ânes et après une petite promenade bien pacifique, nous reviendrons dîner bien gentiment sur un tout petit arbre ne permettant que le tête à tête !

CANARDIER.

Le tête à tête, le repas à deux, tout près l'un de l'autre, voilà, Véronique, la douce joie que j'avais rêvée pour aujourd'hui, et à laquelle cependant je n'ose prétendre !

VÉRONIQUE.

Et pourquoi cela, je vous prie ?

CANARDIER.

Parce que je crains de faire trop de peine à quelqu'un.

VÉRONIQUE.

Et à qui donc ?

CANARDIER.

A ce brave Tourniquet, qui me disait hier avec des larmes dans la voix : « Il me semble que ce sont mes enfants que je marie demain et si vous voulez me rendre bien heureux vous feriez chez moi votre repas de noces ? »

VÉRONIQUE, indignée.

Notre repas de noces dans la loge ! vous ne le voudriez pas ?

CANARDIER, avec emphase.

C'est par le rapprochement des classes que s'opérera un jour l'embrassement général, et ce n'est pas la classe nécessiteuse qui doit faire les avances : la dignité du portier ne lui permet pas de solliciter une place au salon, mais quand l'homme riche a l'intelligent courage de s'attabler chez le portier, il se montre digne *des loges.*

VÉRONIQUE, soupirant.

Du moment que vous invoquez la question sociale, je m'incline. C'est égal, quelle chute... des branches d'un restaurant champêtre au sanctuaire du cordon ?

CANARDIER.

Les premières mènent souvent au second.

SCÈNE V

Les Mêmes, TOURNIQUET.

TOURNIQUET, arrivant par le fond.

La voiture de madame et de monsieur est avancée. (Bas à Canardier.) Et le prix en est avancé par moi !...

VÉRONIQUE, se dirigeant vers le fond. A Canardier.

Monsieur, prenez ma main, que je vais de ce pas vous donner pour toujours ! (Canardier lui prend la main galamment, lui fait un salut et la fait passer devant lui.)

TOURNIQUET.

Et surtout ne la lâchez pas !

CANARDIER, sortant.

Sois sans crainte, mais toi, de ton côté,

songe à la découverte du pot aux roses dont tu m'as promis d'amortir le coup ! (Il sort.)

SCÈNE VI

TOURNIQUET, seul.

C'est entendu ! (Etendant comiquement les mains.) Soyez heureux ! (Il va fermer la porte du fond, approche une petite table sur le devant de la scène, tire de son tablier la liasse de papiers et s'assied en se préparant à écrire.) Profitons maintenant des quelques instants de solitude qui nous sont donnés pour rédiger le recours en grâce demandé ! (Il se met à écrire en lisant en même temps à haute voix.) « Ange de ma vie, l'inclination
» ne raisonne pas, et la preuve c'est que celle
» que vous m'avez inspirée, m'a fait dégrin-
» goler la pente de l'indélicatesse. Vous étiez
» belle et je suis beau. (A part, changeant de ton.) Je
» me figure que je parle en mon nom. (Repre-
» nant.) Mais vous étiez riche et j'étais plus
» pané que la première côtelette de mouton
» venue. Un abîme donc nous séparait et
» j'aurais dû reculer, mais la profondeur du
» précipice a-t-elle arrêté jamais le jeune
» faon impatient de rejoindre sa biche bien-
» aimée ? Non ! Eh bien ! j'ai fait comme

» lui, malgré la perspective de tous les avan-
» tages que notre union me faisait entrevoir,
» je n'ai pas craint de vous tromper en simu-
» lant la richesse ! Je serais impardonnable
» si je m'étais fait passer pour millionnaire,
» dans un but intéressé, mais votre cœur
» sensible, généreux et compatissant, ne re-
» fusera pas, je l'espère, l'aumône du par-
» don, au pauvre millionnaire, par amour,
» signé, Aristide Canardier ! » (Au public, en pliant la lettre et en désignant un petit livre qu'il replace sur la table.) La tartine n'était pas de moi, le cas, à peu de chose près, étant prévu dans le *Secrétaire sentimental*, à la page 94, je n'ai eu que la peine de transcrire presque mot à mot, car, si personnellement j'avais un style comme ça, à l'arc de mes moyens d'existence, j'ouvrirais immédiatement, pour mon compte, un tombeau de secrets. (Glissant la lettre dans la liasse de papier qu'il laisse sur la table.) Allons, pauvre cri du cœur, va te cacher au sein des titres imaginaires dont tu seras la pièce justificative !

SCÈNE VII

TOURNIQUET, CANARDIER, VÉRONIQUE.

CANARDIER, entrant avec Véronique.

Mon bonheur est consommé, Tourniquet, je te présente avec ivresse et fierté le soleil de ma vie.

TOURNIQUET, à part.

Il est plein d'à-propos en l'appelant son soleil; c'est elle, en effet, qui va éclairer! (Haut.) Ainsi, tout s'est bien passé, vous avez été satisfaits des témoins?

CANARDIER.

Ils ont été on ne peut plus convenables; seulement, ils se sont montrés tous un peu trop attachés individuellement à leurs insignes professionnels.

VÉRONIQUE.

Croiriez-vous que l'un des miens, qui est probablement porteur d'eau, avait apporté ses deux seaux?

TOURNIQUET.

Songez donc que cet homme, pour témoigner, avait besoin de sa voix.

CANARDIER.

Et puis, après tout, le sceau, à la mairie, ne manque pas de cachet; quant à moi, je reprocherai à l'un des miens de s'être obstiné à cirer mes bottes pendant que le maire nous donnait connaissance des devoirs respectifs.

TOURNIQUET.

Savez-vous que c'était tout un symbole que ce témoin-là; car au moment où monsieur le maire disait à madame, sauf le respect que je lui dois : « La femme doit obéissance à son mari », il lui faisait entrevoir, avec un réalisme saisissant, que si monsieur l'exigeait, il lui faudrait.... (Il fait le geste de quelqu'un qui cire des chaussures.)

VÉRONIQUE.

Ah! Fi, donc!

CANARDIER, galamment.

Vous avez bien raison de protester, mon amie; en fait d'obéissance, c'est moi qui jure de passer ma vie à vos pieds.

TOURNIQUET.

C'est votre droit : mais, dans ce cas, vous vous acquittez, en cirant madame, du devoir d'assistance prescrit par l'article 212, et l'attitude de votre témoin conserve tout son à-propos ! (Changeant de ton.) Ah ! à propos d'à-propos, savez-vous que j'en ai été rempli en ne bougeant pas d'ici pendant votre absence?...

VÉRONIQUE.

Que s'est-il donc passé ?

TOURNIQUET.

Rien, fort heureusement (Montrant la liasse de papiers qui est sur la table), mais votre mari avait été bien imprudent de laisser cela ici, à la portée de tout le monde.

CANARDIER, à Véronique.

Bien imprudent, en effet ; car là est toute ma fortune ; mais vous, vous étiez tout mon bonheur et je ne pensais qu'à vous !

VÉRONIQUE, lui tendant la main.

Enfant !...

TOURNIQUET.

Voyez-vous, madame, à votre place, je profiterais de mon omnipotence pour m'approprier la garde des valeurs ; monsieur les a déjà perdues trois fois : il n'a pas son pareil pour connaître toutes les ficelles de la Bourse ; mais vous en tiendrez les cordons bien plus sûrement que lui !

VÉRONIQUE, regardant Canardier et d'une voix hésitante.

Mais, je ne sais si je dois.......

TOURNIQUET, bas à Canardier.

C'est le moment, vous tenez le joint.

CANARDIER, remettant la liasse à sa femme.

Tourniquet est dans le vrai, ma poule bleue, acceptez cette marque de confiance dont vous êtes digne.

VÉRONIQUE, miaulant et prenant la liasse avec ravissement.

Sa poule bleue, il m'a appelée sa poule bleue, et la convoitise que j'ai couvée si longtemps se trouve enfin satisfaite : je tiens le sac. (A Canardier.) Pourquoi me gâtez-vous ainsi ?

TOURNIQUET, à part.

La tuile va tomber, gare aux éclaboussures ! (Haut.) Si vous le permettez, je vais donner un coup de main à madame Tourniquet qui fait mijoter sur le feu (se léchant les doigts.) quelque chose d'un peu soigné à votre intention. (Il fait mine de se retirer.)

CANARDIER, bas à Tourniquet et le retenant par le bras.

C'est moi qui suis sur le feu, lâche, et tu m'abandonnes au moment du danger !

TOURNIQUET, bas.

Il faut laver son linge sale en famille ! (Haut.) Je ne fais qu'aller et venir !

VÉRONIQUE, le congédiant de la main.

Allez à vos affaires, mon ami, je tâcherai de vous remplacer auprès de monsieur Canardier !

CANARDIER, d'un ton de doux reproche.

Méchante !

TOURNIQUET, parodiant le jeu de Canardier.

Oui, méchante !... (Il salue et sort en riant.

SCÈNE VIII

VÉRONIQUE, CANARDIER.

VÉRONIQUE, d'un ton froissé.

Qu'est-ce qu'il a dit ?... Ah ! mais, il est quelque peu familier, le pipelet, et j'espère que vous y mettrez bon ordre ?

CANARDIER.

Tourniquet, le brave Tourniquet ?... Il est assommant et je n'aspire qu'à le planter là le plus tôt possible !

VÉRONIQUE.

Vous prévenez un de mes plus vifs désirs.

Je reconnais néanmoins qu'il a droit à quelques égards, car il a travaillé à notre bonheur, et vous devez peut-être à sa sollicitude de posséder encore (Montrant les papiers.) cette fortune à laquelle vos distractions, avouez-le, ont fait courir quelques risques.

CANARDIER.

Que voulez-vous, qui ne risque rien n'a rien ! (A part.) Ah ! sapristi, si j'avais quinze centimes, je les donnerais de bon cœur pour être à la Porte-Maillot.

VÉRONIQUE, tenant les papiers.

Parmi ces valeurs que vous avez là, il doit s'en trouver quelques-unes dont vous ne m'avez pas parlé ?

CANARDIER, à part.

Je le crois bien, reculons l'échéance ! (Haut.) Oui, oui, j'ai entre autres des actions des Castagnettes de Saragosse que j'ai acquises à la baisse ; mais qui grandiront.

VÉRONIQUE.

Evidemment, puisqu'elles sont Espagnoles ; mais donnent-elles lieu à de fréquents tirages ?

CANARDIER.

Je le crois bien qu'il y a du tirage (Se reprenant.), des tirages ; à la fin du mois surtout (Se reprenant.), du mois de septembre, car alors, comme on dit en termes de finances, on passe à de nouveaux exercices.

VÉRONIQUE.

Quels exercices?

CANARDIER.

Ah! c'est très varié! (A part.) Je ne sais plus du tout ce que je dis! (Haut.) Les banquiers font des bons et font la pelote, ils tirent à vue et même au delà, ils pratiquent les chèques, quelques-uns vont d'une traite jusqu'à la frontière et j'en ai vu qui, comme de simples tapissiers, faisaient des poufs!

SCÈNE IX

Les mêmes, TOURNIQUET.

TOURNIQUET, arrive en courant, une lettre à la main.

Asseyons-nous dessus et puis que ça finisse! (A Véronique.) Votre facteur peut se vanter d'être un joli farceur!... Il avait, ainsi que cela lui est arrivé souvent du reste, une lettre chargée pour vous ; mais contrairement à ses habitudes, contrairement aux règlements, il n'a jamais voulu la remettre en mains propres et l'a laissée entre les miennes !... Madame signera demain, s'est-il écrié en se sauvant ; en un jour comme celui-ci il y aurait de l'indiscrétion, et patati, et patata, et il court encore ; il s'agit pourtant bel et bien d'une valeur déclarée de deux mille francs?

VÉRONIQUE.

Ces lettres-là devront désormais être remises à mon mari !

TOURNIQUET, bas à Canardier.

Voilà le moment... (Lui prenant le coude et parlant de manière à être entendu.) Brave Tourniquet, brave Tourniquet...

CANARDIER, à part.

Il me donne la réplique ! (Palpant la lettre en la présentant à Tourniquet.) C'est la première fois qu'il m'arrive d'avoir entre les mains une lettre chargée. Laisse-moi au moins le plaisir de la palper un instant. (A Véronique.) Cette lettre contient, paraît-il, ma chère amie, une somme de deux mille francs ; si vous ne le trouvez pas mauvais, j'en offrirai le montant au brave

Tourniquet (Appuyant.), au brave Tourniquet, comme témoignage de notre mutuelle reconnaissance?

VÉRONIQUE.

Nous ne la lui exprimerons jamais assez et j'approuve pleinement cette libéralité.

TOURNIQUET, en prenant d'une main la lettre que lui remet Canardier, présente de l'autre une grande feuille de papier à Véronique.

Donnant, donnant, je ne suis pas un capitaliste, moi ; mais je ne veux pas être en reste de politesses avec personne ; permettez donc au créancier de disparaître devant l'ami et veuillez accepter cette quittance des quatre-vingt-trois francs que vous me deviez pour vos loyers respectifs ! (A part, se frottant les mains.) Mon opération est enfin réalisée, je n'en ferai jamais de meilleure !

CANARDIER, à part.

Il jubile, le gredin ; mais vous voyez en moi un marié qui n'est pas à la noce. Je sens que je touche au moment fatal !

TOURNIQUET, à Canardier.

Allons, du courage. Je me sens dans l'âme des trésors de commisération et je vais vous tendre la perche. (A Véronique.) Eh bien, madame, vous n'avez pas encore eu la curiosité de faire connaissance avec toutes les richesses qui sont entre vos mains?...

VÉRONIQUE, déficelant le paquet.

Que m'importe!... (Canardier, au comble de l'anxiété, s'adosse contre Tourniquet pour se soutenir. — Véronique feuilletant successivement tous les papiers.) Qu'est-ce que cela signifie? Je ne vois que des réclames et des prospectus. (Lisant). Le pistolet littéraire, feuille périodique pour tuer le temps. Le sirop vermifuge, à l'usage des poètes chez lesquels le vers ne sort pas. Plus de mite au logis, par l'insecticide Vicat. Moutarde blanche. Tabouret des préjugés sur lequel on gagnera toujours à s'asseoir... Roquefort mobile se rendant de lui-même à domicile... Rouge candide à l'usage des jeunes personnes dépourvues de timidité... Miroirs sincères à l'usage des imbéciles qui persistent à ne pas se voir tels qu'ils sont... Le Trésor des ménages ou l'Almanach des prétextes. Enfin pour finir cette lettre-réclame :
« Monsieur Belledrogue, pharmacien, 18, rue
» Barbe, à Paris. J'étais affligé depuis plus
» de trois ans d'une belle-mère qui me ren-
» dait la vie insupportable; grâce à vos excel-
» lentes Pilules Belges, je m'en suis trouvé

» très promptement débarrassé. Veuillez... »
(Changeant de ton, à Canardier.) Vous voulez rire ?...

CANARDIER, d'une voix éteinte.

Je le voudrais bien !...

VÉRONIQUE, prenant la lettre.

Tiens, une lettre !... une lettre pour moi !...
(Elle lit avidement, puis s'affaissant.) Ah ! volée !...

TOURNIQUET, s'élançant vers Véronique, à Canardier.

Je ne peux pas être partout à la fois, tâchez de vous caler.

CANARDIER.

Mais je n'ai jamais eu d'autre but dans mon existence...

TOURNIQUET, tirant une petite bouteille de sa poche.

Heureusement qu'en prévision de l'incident je m'étais muni de vinaigre.

VÉRONIQUE, repoussant sa main au moment où il va lui faire respirer le vinaigre.

Non, pas de vinaigre, j'aime mieux une prise de tabac. (Tourniquet lui présente sa tabatière où elle puise une prise qu'elle aspire longuement.)

CANARDIER, timidement.

Elle n'est plus évanouie ?

VÉRONIQUE, tristement.

Non, ce sont mes espérances, mes rêves qui sont évanouis pour toujours. (Secouant la tête.) Ah! je vous aurais tant aimé si vos moyens me l'avaient permis... et je n'ai plus maintenant qu'à opter pour le divorce ou pour le pardon...

CANARDIER, tombant à genoux.

Oh! je vous le demande à genoux, Véronique, pardonnez...

TOURNIQUET, s'agenouillant à son tour.

Oui, Clémence!...

VÉRONIQUE, à part.

Voilà qu'il me donne un petit nom de fantaisie à présent... (A Canardier et à Tourniquet.) Vous le voulez?... Eh bien, j'y consens...

CANARDIER, se relevant radieux.

Ah! bonne petite femme!...

TOURNIQUET, même jeu.

Bonne petite femme!...

VÉRONIQUE, à part, désignant Tourniquet.

Toi, tu vas me payer en une seule fois tes fourberies et tes licences... (Haut) J'y consens, mais à une condition : c'est que Tourniquet ouvrira immédiatement la lettre chargée que nous lui avons abandonnée...

TOURNIQUET, décachetant la lettre.

Comment donc!... La pénitence est douce. (Il jette les yeux sur la lettre, change de visage et s'affaisse sur lui-même.) Ah! cette lettre chargée n'était qu'une charge!...

VÉRONIQUE, lui tapant dans les mains.

Ce ne sera rien, passez la tabatière!...

CANARDIER, prenant la tabatière dans la poche à Tourniquet et la passant à Véronique.

Voilà!... (Véronique prend une prise qu'elle met dans la bouche de Tourniquet qui la crache avec dégoût.)

CANARDIER.

Il revient à lui?...

TOURNIQUET, bondissant en agitant la lettre.

Je n'en reviens pas du tout! Mais nous sommes donc dans la forêt de Bondy, ici? Ecoutez-moi ça. (Il lit.) « Mon ami, dans le
» simple but de faire prendre patience à notre
» vieux grigou de pipelet, qui est tannant
» dès qu'on lui doit deux sous, j'ai prié un
» de mes petits-cousins, facteur des postes et
» télégraphes, de me rendre le petit service

» de m'apporter de temps à autre une pré-
» tendue lettre chargée qui ne manquerait
» pas d'asseoir solidement ma considération
» auprès de l'impatient Tourniquet. Mon
» stratagème, hélas! a dépassé mes espé-
» rances, et j'ai pris mainte fois la résolution
» de vous désabuser. Si mon cœur a fait
» fléchir mes honnêtes intentions, ne vous en
» prenez qu'aux attraits de votre esprit et de
» votre personne qui ont littéralement tourné
» la tête à l'indigente mais trop sensible
» veuve Véronique Croquignole! »

CANARDIER, s'affaissant.

Pannée! Elle aussi! Ah! mon Dieu!

VÉRONIQUE, soutenant Canardier, à Tourniquet.

Tapez-lui dans les mains!...

TOURNIQUET, lui donnant un coup de pied par derrière.

Non! Aux grands maux, les grands remèdes!

CANARDIER.

Ah! je me sens mieux!

TOURNIQUET, furieux.

Et moi, cela m'a toujours soulagé d'autant!

CANARDIER, à Véronique.

Cette défaillance a été ridicule, mais votre lettre m'avait porté un coup !...

VÉRONIQUE, montrant Tourniquet.

Ce n'est pas ma lettre, c'est lui qui vous a porté un coup...

CANARDIER.

En effet, mais le sien m'a remis.

TOURNIQUET.

Méthode homœopathique : *Similia, similibus*. Eh bien, et moi, croyez-vous que je n'aie pas reçu mon atout ? (A Véronique.) Rendez-moi ma quittance !

VÉRONIQUE.

Jamais de la vie ; nous la conservons, mon mari et moi, à titre de dommages et intérêts.

TOURNIQUET, piteusement.

Déficit net, quatre-vingt-trois francs, sans compter la voiture, les témoins, la robe et le gras-double.

VÉRONIQUE, tendant la main à Canardier.

Me pardonnez-vous, Aristide ?

CANARDIER, lui prenant la main.

Il le faut bien, puisque nous n'avons pas le droit de nous accuser les uns les autres.

TOURNIQUET.

Nous sommes tous volés, quoi !

VÉRONIQUE.

C'est tout bonnement un vol à l'américaine !

FIN DE UN VOL A L'AMÉRICAINE

ZOUZOU

QUIPROQUO EN UN ACTE

PERSONNAGES

MADAME DE BELLETOUCHE.
ÉPAMINONDAS VAPOREUX.

La scène se passe à Paris, rue de l'Université, 14.

ZOUZOU

Le théâtre représente un petit salon élégant. Portes au fond et à droite, sur le pan coupé de gauche une cheminée devant laquelle se trouve un canapé placé en biais. A droite, chaises, fauteuils, guéridon avec une carafe et de l'eau.

SCÈNE PREMIÈRE

(Une voix d'homme dans la coulisse.)

Chien de mal de dents ! J'aime mieux m'en aller, car je casserais tout. Le premier qui me tombe sous la mâchoire, je lui fais une coche n'importe où. (On entend un bruit de vaisselle brisée et le fracas d'une porte fermée violemment.)

MADAME DE BELLETOUCHE, rentrant tout effrayée.

Une coche n'importe où ? C'est atroce ! Il le ferait comme il le dit ; il est féroce quand ces maudites rages le prennent ! (Prêtant l'oreille.) Il est parti ! C'est mon mari qui vient de me donner cette petite sérénade, lui qui d'ordinaire en remontrerait à un agneau pour la douceur ; le chloroforme, la créosote restent impuissants devant ses crises ; son seul remède, c'est la marche forcée. Je le vois d'ici... il va se rendre au jardin du Luxembourg, fera quarante-cinq fois le tour de la statue de Velléda et rentrera dans une heure complètement soulagé... Le cordonnier y gagne plus que le dentiste ; mais le résultat est satisfaisant, c'est l'essentiel. (On entend un coup de sonnette.) Ciel ! quelqu'un ! Je me sauve, car telle que vous me voyez, j'ai une grande fille de dix-huit ans que nous songeons à marier : le futur gendre s'est fait annoncer pour aujourd'hui et il faut que j'aille me mettre en état de le recevoir. (Elle sort par la porte de droite.)

SCÈNE II

VAPOREUX, seul.

(Il entre par la porte du fond. Il parle avec un accent méridional qui ne doit pas être trop forcé.)

Je suis Vaporeux ! Quand je dis que je suis Vaporeux, je ne veux pas dire que je sois (Geste qui indique que quelqu'un est dans les nuages.) vaporeux, mais que je m'appelle Epaminondas Vaporeux, sans profession, vingt-cinq ans, bon estomac; mais je suis de Montélimar, et nous, gars (Prononcer nougat.) de Montélimar, nous sommes sujets aux toquades. Ainsi, moi, tel que vous me voyez, j'en ai une qui m'obsède sans trêve ni repos : je veux me marier !... Cela ne vous paraît pas excentrique sans doute, vu mon âge (Pirouettant.) les avantages de mon individu et le nombre de mes imitateurs. Eh bien, si, mon idée fixe est excentrique ; parce que, si l'on voit tous les jours des mariages d'inclination, de raison, d'intérêt, de vanité ou d'ambition, moi je ne veux faire qu'un mariage d'inspiration : en un mot, je veux me rencontrer inopinément face à face avec la beauté que m'a représentée le miroir d'amour de mon imagination, sentir à sa vue une violente chiquenaude dans la région de mon cœur, tomber incontinent à ses pieds, lui dire que je l'adore... et l'épouser dans le plus bref délai. J'ai successivement arpenté de long en large Carpentras, Carcassonne, Toulouse et Montauban à la poursuite de mon idéal. J'ai battu en vain Paris dans tous les sens et, après quatre mois de ce manège, j'allais de guerre las céder aux instances de mon oncle Mouche-à-Miel de Narbonne, que j'ai des raisons pour ménager et me présenter aujourd'hui même dans une famille où m'attendait un projet d'union sans aucun doute prosaïque, quand, en traversant, triste et découragé, le jardin du Luxembourg, je tressaute, ma vue se trouble. (Il porte la main à son cœur.) J'avais reçu la chiquenaude tant convoitée ! Ah ! douce vision aux tresses blondes, aux yeux limpides et bleus, qui ne m'était encore apparue qu'en rêve, tu étais enfin devant moi, accompagnée d'une vieille bonne et d'un king-charle. Mais comment t'aborder ? Me jeter à tes pieds eût été décidément téméraire et trop vif ! Je cherchais donc mon entrée en matière, non sans angoisses, quand tout à coup le souvenir de ce proverbe : « Qui m'aime bien aime mon chien » traverse mon cerveau comme une commotion électrique. Je bondis vers le roquet, je le caresse, la belle ne bronche pas, je lui donne du sucre, elle paraît ne pas m'en savoir le moindre gré ; enfin, impatienté de l'indifférence de la jeune maîtresse, je tire, par mégarde, un peu trop fort les oreilles de l'animal qui se regimbe et m'applique assez durement ses crocs entre le pouce et l'index. Je pousse un cri de douleur, la jeune personne tourne alors de mon côté son minois ravissant, me rit au nez et me jette à la figure, en faisant demi-tour, ce second proverbe adorable d'à-propos : Qui s'y frotte s'y pique ! La répartie pourtant ne me déconcerte pas et j'emboîte le pas derrière mon étoile filante à travers les rues Cassette, Bonaparte et Jacob ; elle prend la rue de l'Université, je persiste dans ma poursuite, elle entre au numéro quatorze, je m'y faufile, elle monte trois étages, je les enjambe, elle sonne à la porte de droite, je laisse cette porte s'ouvrir et se refermer pour y carillonner à mon tour un instant après ! (Avec satisfaction.) Et voilà comment je suis dans la place avec l'assurance d'une partie lésée qui a droit à une réparation !

SCÈNE III

VAPOREUX, MADAME DE BELLETOUCHE

MADAME DE BELLETOUCHE, entrant par la porte de droite,
sans avoir l'air de remarquer Vaporeux.

Eh bien ! je ne suis pas rassurée du tout,

Eglantine, ma fille, en traversant avec sa femme de chambre, le jardin du Luxembourg, y a rencontré son père, arpentant le terrain avec désespoir, il ne lui a même pas parlé ! (Se tournant du côté de Vaporeux.) Mais, j'oubliais complètement ce monsieur. (S'inclinant.) Monsieur !

VAPOREUX, saluant.

Madame ! (A part.) Diable ! voilà ce que je n'avais pas prévu, je vais avoir affaire à la mère, car la ressemblance est telle, entre ma printanière jeune fille de tout à l'heure et cette appétissante... maturité, que la filiation entre la première et la seconde est indubitable. Enfin, peu importe, puisque je suis embarqué dans une intrigue et que je n'ai que la mère devant moi, abordons la mère !

MADAME DE BELLETOUCHE, gracieusement.

Monsieur, vous êtes ?...

VAPOREUX, d'un ton dégagé.

Madame, je suis... loin d'être satisfait, comme vous devez le penser.

MADAME DE BELLETOUCHE, avec étonnement.

Monsieur, quant à moi, je n'y suis pas du tout.

VAPOREUX.

En deux mots, madame, je vais vous mettre au courant. (Il ôte son gant et montre le pouce de sa main gauche.) J'arrive du Luxembourg et j'en rapporte cette plaie béante !

MADAME DE BELLETOUCHE, à part, hors d'elle.

Du Luxembourg ? ciel ! les terribles paroles de mon mari, le premier qui me tombe sous la mâchoire... (Haut, avec trouble.) Monsieur....

VAPOREUX, à part.

Elle savait tout ! (Haut, montrant toujours sa main.) Voyez, madame, il m'a fait une coche !

MADAME DE BELLETOUCHE, redoublant d'effroi.

Une coche ? ce sont ses propres termes, plus de doute, c'est bien lui ! grand Dieu ! quelle catastrophe !... Mais, comment cela est-il arrivé, il faut que vous l'ayez provoqué ?...

VAPOREUX.

Moi, madame, pas le moins du monde, au contraire, je l'ai caressé, je lui ai même donné du sucre, mais c'est un animal grincheux qui comprend très mal la plaisanterie.

MADAME DE BELLETOUCHE, avec impatience.

Pourquoi aussi l'avez vous plaisanté ?

VAPOREUX.

Saisissez la nuance, madame, je ne l'ai pas plaisanté, j'ai voulu plaisanter avec lui, car, j'aime à croire que son intelligence de chien ne va pas jusqu'à comprendre les mauvais compliments qu'on pourrait lui faire ?

MADAME DE BELLETOUCHE, avec dignité.

Quels que soient vos griefs contre lui, monsieur, il serait du devoir d'un galant homme de ne pas insulter devant une femme celui qu'elle aime et qu'elle considère comme susceptible de vous rendre des points sur le chapitre de l'esprit et du bon ton.

VAPOREUX.

Vous l'avez élevé sans doute, et, à votre école, il a dû acquérir une foule de bonnes qualités, je suis même le premier à lui reconnaître du mordant ; mais je déplore de voir une femme, charmante comme vous l'êtes, accorder tant d'estime à un tel roquet.

MADAME DE BELLETOUCHE, indignée.

Un roquet ? Cela dépasse les bornes ! Mais

c'est vous qui en paraîtriez un à côté de lui !
Je ne m'étonne plus de ce qui vous est arrivé
et pour peu que vous lui ayez tenu des propos
de la sorte.....

VAPOREUX, l'interrompant.

Erreur, madame, erreur, je me suis borné,
croyant lui être agréable, à lui tirer un tout
petit peu les oreilles.

MADAME DE BELLETOUCHE, avec un sourire ironique.

Et vous vous plaignez ? Il a joliment bien
fait, par exemple ; à sa place, je vous aurais
sauté à la gorge !

VAPOREUX, prenant un air piqué.

Vous l'excusez ? Parfait, madame, ma demande en réparation n'en sera que plus
exigeante à votre égard !

MADAME DE BELLETOUCHE.

A mon égard ? Mais c'est une affaire de
vous à lui, arrangez-vous ensemble !...

VAPOREUX.

Mille pardons ; mais je me permettrai de
vous faire remarquer que je ne peux pas
demander raison à un animal,

MADAME DE BELLETOUCHE.

Trêve de grossièretés, monsieur ; si vous n'êtes pas un lâche, vous attendrez, pour les proférer, que celui que vous insultez soit là pour vous répondre.

VAPOREUX, avec assurance.

Mais, madame, je ne demande qu'à me rencontrer avec lui, je l'attends même de pied ferme pour lui loger une balle dans la tête !...

MADAME DE BELLETOUCHE, d'une voix suppliante.

Ah ! vous ne ferez pas cela ?...

VAPOREUX.

Vous l'aimez donc bien ? (A part.) Le fanatisme que certaines femmes ont, de nos jours, pour ces bêtes-là, est vraiment quelque chose d'inconcevable.... La mère est à mes pieds, ça marche à ravir.

MADAME DE BELLETOUCHE, émue.

Si je l'aime ? Ah ! monsieur, qu'y a-t-il de surprenant à cela ? Depuis dix-neuf ans que nous sommes ensemble, il m'a rendue si heureuse !

VAPOREUX.

Depuis dix-neuf ans? Mais il doit être désagréable au possible, être hargneux, sentir mauvais et salir horriblement votre appartement ! Certes, à votre place, je serais enchanté de m'en trouver débarrassé !

MADAME DE BELLETOUCHE.

Monsieur !

VAPOREUX.

Tenez, madame, je m'engage à vous en procurer un autre.

MADAME DE BELLETOUCHE.

Jamais je n'aurais le courage d'en reprendre un second après lui !

VAPOREUX.

Ah ! je comprends cela, quand on en a eu un, c'est déjà bien assez; la perte ne sera donc pas grande. Allons, madame, n'entravez pas plus longtemps ma vengeance.

MADAME DE BELLETOUCHE, hors d'elle avec désespoir.

Ce n'est pas sérieux, vous voulez rire, n'est-ce pas, monsieur? Car enfin, si vous ne l'épargnez pas pour moi, que ce soit pour sa fille !!

VAPOREUX.

Sa fille ? (Eclatant de rire.) Ah ! parfait, madame, de mieux en mieux, nous tombons en plein dans les *Plaideurs ?*... Sa fille ! Voyons ses larmes. (Reprenant un air grave.) Non, non, je suis inexorable !...

MADAME DE BELLETOUCHE, d'une voix dramatique.

Oui, vous êtes inexorable, quand vous devriez être juste ! N'avez-vous pas été le premier à le taquiner quand il était en proie à une douleur atroce, quand il souffrait au point d'être comme enragé ?...

VAPOREUX, s'affaissant comme foudroyé.

En... en... vous dites enragé ? Mais alors, je suis perdu ! (Se redressant et courant sur la scène comme un fou. Il prend les pincettes dont les deux extrémités devront être d'avance peintes en rouge.) Vite ces pincettes au feu pour cautériser !!. . . . . Madame, de grâce, de l'alcali ? (Allant se jeter hors de lui sur le canapé.) Mourir si jeune, au printemps de la vie, et dans des convulsions atroces ! (Il soupire et gesticule sur le canapé.)

MADAME DE BELLETOUCHE, épouvantée.

Que veut dire ?... Mais c'est un fou. Pourquoi cet accès subit ?... (Lui tapant dans les mains.) Monsieur, monsieur, vous me compromettez ! Il est de bon goût de ne pas se pâmer chez les gens qu'on ne connaît pas !

VAPOREUX, d'une voix étouffée.

Ah ! chiquenaude du cœur, tu ne devais donc être que le prélude d'un coup de dent mortel ?. . . . . Enragé !!! Mais c'est affreux ! Il va falloir me museler ou me mettre en cage ?. . . . . Madame, je vous en prie, apportez ces pincettes, elles doivent être rouges maintenant, et appliquez-les moi sur cette atroce morsure !

MADAME DE BELLETOUCHE.

Quelle idée ! Mais, c'est inutile !

VAPOREUX.

Inutile ? Hélas ! je le crains comme vous. Il faut cependant tout essayer !... Je vous en conjure, vous me sauverez peut-être la vie !

MADAME DE BELLETOUCHE, allant prendre les pincettes.

Il est tout à fait fou, mais il est surtout bien ennuyeux !... Enfin, puisque vous l'exigez. (Elle lui applique sur la main l'extrémité des pincettes.)

VAPOREUX, bondissant sur place.

Aïe ! oh ! ahi !...... O toquade infernale, qu'il m'en cuit de t'avoir écoutée ! (Il s'étend de nouveau sur le canapé.)

MADAME DE BELLETOUCHE, apportant un verre d'eau.

De grâce, monsieur, remettez-vous ! Voulez-vous un verre d'eau ?

VAPOREUX, d'une voix lugubre.

Un verre d'eau ?... Oui, j'ai du feu dans la poitrine ! (Il boit le verre d'eau.) C'est le commencement de la fin !... Non, cette mort m'apparaît trop horrible !... (Tirant de sa poche un revolver qu'il présente à madame de Belletouche.) Madame, rendez-moi le service de me brûler la cervelle.

MADAME DE BELLETOUCHE, avec humeur.

Ah ! monsieur, c'en est trop, laissez-moi tranquille, et surtout allez-vous-en !!

VAPOREUX.

Alors, puisque vous me refusez ce dernier service, je vais m'exécuter moi-même.

MADAME DE BELLETOUCHE, lui arrêtant le bras.

Monsieur, mon canapé est tout neuf !

VAPOREUX, avec amertume.

Et vous pensez à vos coussins, femme de bronze, quand un malheureux songe à se faucher dans sa fleur pour échapper aux tortures que lui promet le coup de dent de votre king' charle hydrophobe !

MADAME DE BELLETOUCHE.

Zouzou, le king' charle de ma fille est hydrophobe ?... Et où avez-vous pris cela ?...

VAPOREUX, piteusement.

Mais c'est vous-même qui me l'avez dit pour l'excuser de m'avoir mordu au Luxembourg il y a une heure ?

MADAME DE BELLETOUCHE, riant aux éclats.

Ah ! ah ! ah ! pardonnez-moi mon accès de fou rire ; mais depuis que vous êtes ici, nous pataugeons l'un et l'autre dans un coq-à-l'âne des plus burlesques, vous me parlez de Zouzou et moi je vous parle de mon mari !

VAPOREUX, riant.

Comment ! c'était votre mari qui était enragé ?...

MADAME DE BELLETOUCHE, riant toujours.

Oui, c'est lui qui avait une rage de dents !

VAPOREUX, riant.

Et vous avez cru que c'était à lui que j'avais tiré les oreilles ?... C'est égal, Zouzou pourra se vanter de m'avoir fait une vraie peur de chien !

MADAME DE BELLETOUCHE, souriante.

Vous ne le tuerez pas pour cela, n'est-ce pas ? car il est à ma fille, et je crois qu'elle vous arracherait les yeux.

VAPOREUX, gaîment.

Le tuer ? plutôt la mort !... D'ailleurs mademoiselle votre fille est trop charmante pour que l'on ose lui déplaire, et puis je dois à Zouzou l'honneur d'avoir fait votre connaissance, ce serait de ma part le comble de l'ingratitude ! (Prenant son chapeau, sa canne et saluant avec courtoisie.) Madame, je suis Vaporeux ! quand je dis que je suis Vaporeux, je ne veux pas dire que je sois (Geste qui indique que quelqu'un est dans les nuages.) vaporeux, mais que je m'appelle Epaminondas Vaporeux ! j'aurai l'honneur de venir prochainement vous présenter mes devoir, mais, à cinq heures quarante-cinq, il faut que je sois, 14, rue de l'Université, chez M. et madame de Belletouche qui, sur les renseignements favorables dont mon concierge a bien voulu me gratifier, paraissent disposés à m'accorder la main de leur fille Eglantine que l'on dit charmante !

MADAME DE BELLETOUCHE, ironiquement.

Vous n'avez jamais vu votre future ?

VAPOREUX.

Jamais, madame, je vais lui être présenté dans un instant, et l'on doit aborder la question entre la poire et le fromage !

MADAME DE BELLETOUCHE, souriant.

Ah ! monsieur, ce n'est donc pas assez de m'avoir torturée avant même que je sois votre belle-mère, il faut encore que vous me contiez un gros mensonge ? vous avez vu tantôt votre future au jardin du Luxembourg, vous l'avez si bien vue que vous vous êtes attaqué à son chien, que vous vous êtes fait mordre par lui et que vous avez suivi Eglantine jusque chez elle, rue de l'Université, numéro 14, au troisième étage, porte à droite.

VAPOREUX, se frappant le front.

C'est ma foi vrai ! ô félicité inespérée, j'ai reçu la chiquenaude, je vais à la fois faire mon mariage d'inspiration et me rendre au désir de Mouche-à-Miel, l'oncle à héritage !... C'est égal, quand je lui raconterai l'histoire à l'oncle de Narbonne, il me dira certainement : « Tu me la narres bonne !... » (A madame de Belletouche, lui touchant l'épaule avec une familiarité toute méridionale.) Elle est adorable, ma future, savez-vous?... Et comme ça vous êtes madame de Belle...

MADAME DE BELLETOUCHE, l'interrompant et lui frappant dans la main.

.... Touche, mon gendre, vous l'avez dit, et dans un instant j'aurai l'avantage de vous présenter à mon mari ainsi qu'à ma fille, comme un prétendu...

VAPOREUX, l'interrompant et avec entrain.

Enragé !....

FIN DE ZOUZOU

PRÈS DU FEU

CAUSERIE CONJUGALE

PERSONNAGES

DE BEAUPRÉ.
BERTHE, sa femme.

PRÈS DU FEU

Le théâtre représente un cabinet de travail élégamment meublé. Sur le plan de gauche une cheminée garnie dans laquelle il y a du feu, deux bergères à droite et à gauche de la cheminée. Portes au fond et à droite.

SCÈNE PREMIÈRE

DE BEAUPRÉ, seul.

(Il est en habit noir, tenue de bal et, debout devant la glace, finit d'ajuster sa cravate blanche.)

Voilà qui est fait, le collier de misère est attaché... (Venant en scène.) Ceci vous représente le mari d'une danseuse qui va reprendre son service. (Se désignant.) Le mari, pas la danseuse ; ma femme, Dieu merci ! n'appartient à aucun corps de ballet, mais c'est une mondaine infatigable. Moi, je ne suis pas mondain, mais je suis toujours fatigué... Mon cocher crierait comme un pot cassé si je lui faisais atteler deux jours de suite le même cheval, mais ma femme me voit le harnais sur le dos tous les soirs sans la moindre compassion... Et pourtant un cheval..., cela se remplace..., tandis qu'un mari... (Changeant de ton.) Eh bien, après tout, cela se remplace aussi !...

SCÈNE II

DE BEAUPRÉ, BERTHE

BERTHE, en toilette de bal, entr'ouvrant la porte et passant la tête.

Peut-on pénétrer dans le sanctuaire?

DE BEAUPRÉ, lui tendant les bras.

Par exemple !... Quand on en est l'idole, on peut se passer de toute permission.

BERTHE, souriant.

Oh ! oh !... L'idole... Le mot est galant.

DE BEAUPRÉ.

Non pas, il n'est que sincère ; car, que vous soyez ici ou qu'il n'y reste que votre souvenir, vous y êtes toujours adorée.

BERTHE, riant.

C'est le temple de l'adoration perpétuelle alors?...

DE BEAUPRÉ.

Vous l'avez dit! (Changeant de ton.) Votre toilette est ravissante ce soir. (Il tente de lui embrasser l'épaule.)

BERTHE, le repoussant.

Finissez donc! Vous allez me chiffonner...

DE BEAUPRÉ, tapant dans ses mains avec dépit.

Ça y est!... Ah! les femmes! les femmes! (Flûtant sa voix avec ironie.) « Tu me trouveras belle, » tu m'aimeras plus longtemps, tu seras fier » de moi, et patati, et patata... », vous murmurent-elles de leur voix charmeuse quand il s'agit de vous soutirer une toilette ou une parure... Le mari, un imbécile. Ah! je le suis comme les autres, je ne fais pas d'exception pour moi, ne résiste jamais à ces arguments-là... Madame, en effet, quelques jours après, s'offre à lui dans tout son éclat; il est ébloui et perd la tête au point de vouloir embrasser sa femme; mais, à bas les pattes, ça la chiffonne!...

BERTHE, riant.

Et vous aussi ?

DE BEAUPRÉ.

Certainement ; mais ce qui me chiffonne encore davantage, c'est de penser que ce « Regardez, mais n'y touchez pas, » n'est édicté que contre le pauvre mari.

BERTHE.

Ah ! soyez juste : les papas aussi y sont soumis...

DE BEAUPRÉ.

Les papas, c'est tout à fait différent : ils se soumettent dans l'espoir de se démettre le plus promptement possible de leurs filles, et par profession ils doivent ménager l'étalage.

BERTHE.

Mais il me semble qu'un mari se sent largement dédommagé de quelques légers sacrifices en voyant que sa femme est la reine du bal.

DE BEAUPRÉ.

C'est là où je vous attendais ! Vous croyez donc que la situation de mari de la reine est enviable? A la cour elle est fausse, au bal elle est ridicule... Quand le regard de l'observateur, un peu fatigué par les reflets chatoyants, cherche un repos du côté des couleurs sombres, il ne manque jamais de s'arrêter sur un habit noir endossé par une sorte de mannequin inerte qui semble ne rien voir, ne rien entendre, et qui a bien raison de s'imposer ces deux infirmités temporaires; car il lui prendrait envie sans cela, à tout instant, de faire valser du revers de son gant le monocle d'un petit impertinent qui s'immisce en paroles dans les attributions les plus délicates de la femme de chambre, ou d'apprendre un peu trop sèchement à maint danseur mal appris que madame n'aime pas qu'on la chiffonne!...

BERTHE.

Mais c'est de la jalousie, cela.

DE BEAUPRÉ.

Ce serait de la jalouise, devriez-vous dire, car fort heureusement pour sa dignité personnelle, le mari de la reine, qui est doublé d'un philosophe, a bien soin de ne pas la laisser s'éveiller : il la dodeline de son mieux.... et pousse la complaisance jusqu'à fredonner avec l'orchestre pour l'endormir plus profondément. (Fredonnant.) Je suis le mari de la reine, ri de la reine!...

BERTHE, s'asseyant dans la bergère placée à droite de la cheminée.

Savez-vous que vous êtes très amusant?

DE BEAUPRÉ, jouant la modestie.

Oh! vous me flattez!... Tout au plus pour aider à tuer le temps en attendant la voiture.

BERTHE.

Mais, mon ami, il y a un quart d'heure qu'elle attend, la voiture; je n'ai donc été retenue ici que par le seul plaisir de vous écouter.... sans toutefois partager votre avis.

DE BEAUPRÉ.

Le mérite n'en est que plus grand.

BERTHE.

Il y a des avocats que les juges aiment à entendre sans pour cela leur donner gain de cause, et je me refuse absolument à décerner à messieurs les maris cette couronne du martyre que vous sollicitez pour eux. Dans tous les cas, si je leur faisais la concession d'une simple mention honorable, je la partagerais entre eux et les pères de jeunes filles à marier.

DE BEAUPRÉ.

Eh bien ! vous commettriez une injustice criante parce que les deux situations sont diamétralement opposées. Le mari au bal fait acte de dévouement, d'abnégation et de patience et il ne récolte absolument rien...

BERTHÉ, l'interrompant avec un geste de dénégation.

Ah !...

DE BEAUPRÉ, même jeu.

Oh ! si peu, qu'il ne faut pas en parler ; le père, au contraire, avec son air endormi dans l'embrasure d'une porte, est le bloc enfariné le plus éveillé qui soit au monde. A coup sûr, il en entend de belles, lui aussi ; mais il n'en perd pas une syllabe, il enregistre tout et rentré chez lui, il dit à la maman en dénouant sa cravate : Tu sais, bobonne, la prochaine fois il faudra renforcer ceci, atténuer cela, rectifier telle pose, modifier tel sourire et cœtera, et cœtera, heureux artiste auquel il est donné de pouvoir, après chaque exposition, modifier son œuvre et de la conduire ainsi presque jusqu'à la perfection. Si d'un côté aucune réflexion de la galerie ne lui échappe, de l'autre, les faits et gestes les plus imperceptibles des papillons qui voltigent autour de sa fille bien-aimée arrivent jusqu'à sa prunelle en dépit de sa paupière demi-close, et il se dit à part lui : Celui-ci danse par hygiène, celui-là par habitude, en voici un qui est un bourreau de toilettes, je vais tâcher de le faire pincer à une table de whist... (Riant, se frottant les mains.) Oh! oh! oh! Ah! ah! ah! on dirait un récidiviste. (Faisant le geste de quelqu'un qui prend une prise de tabac.) Je l'inviterai à dîner!!...

BERTHE, le prenant par les deux mains et le faisant asseoir sur la bergère en face d'elle en riant.

Mais, si j'ai bonne mémoire, vous avez été un récidiviste, vous?...

DE BEAUPRÉ.

Aussi, votre père m'a invité à dîner, et..... (Changeant de ton.) Vous voyez bien que les papas ne perdent pas du tout leur temps en allant bâiller au bal.

BERTHE.

Mais vous, puisque c'est au bal que vous

me devez, vous pouvez bien lui donner quelques honoraires !

DE BEAUPRÉ.

Hélas ! Depuis deux ans que nous sommes mariés, vous ne me l'avez que trop rappelé ; mais je marchanderai tant que je pourrai, et toutes les fois que je trouverai l'occasion de le voler un peu, comme ce soir....

BERTHE, faisant mine de se lever.

Oh ! mais c'est vrai, voici onze heures, nous sommes en retard !....

DE BEAUPRÉ, la retenant doucement.

Qu'est-ce que ce retard là en comparaison de celui que nous avons fait subir jusqu'à ce jour à notre bonheur ?

BERTHE.

Ainsi, vous trouvez que notre bonheur n'est pas suffisamment complet et qu'il lui a manqué jusqu'ici ?....

DE BEAUPRÉ.

... Un rien en apparence, une bien grande douceur en réalité...

BERTHE.

Et c'est ?...

DE BEAUPRÉ.

L'intimité... (Se prélassant dans son fauteuil.) Le coin du feu !

BERTHE, riant.

Le coin du feu, ah! ah! Mais, mon ami, il n'y a qu'à voir comment vous le poétisez pour demeurer aussitôt convaincu que rien n'est plus prosaïque et plus matériel.

DE BEAUPRÉ.

En êtes-vous bien sûre? Je garantirais que vous lui gardez rancune de ces longues soirées d'ennui silencieusement passées, dans votre enfance, entre deux tantes qui se disputaient au loto et un père digérant devant le *Constitutionnel?*

BERTHE.

A vrai dire, il y a un peu de cela et il est bien naturel que j'aie trouvé le plus vif plaisir à y faire diversion.

DE BEAUPRÉ.

D'accord; mais permettez-moi de vous assurer que vous n'avez envisagé jusqu'ici ce pauvre coin du feu que sous son jour le plus défavorable. Avez-vous quelquefois réfléchi à l'éloquence de ce bois qui brûle lentement, qui se sépare et qui s'éteint? Voyez ces deux morceaux de bois : rapprochés l'un de l'autre, ils ne font qu'une flamme qui les enlace et s'élève crépitante et joyeuse; isolés, ils vont se consumer tristement, chacun dans leur coin, où ils ne tardent pas à s'éteindre dans une ennuyeuse fumée. Ma métaphore est à coup sûr des moins flatteuses, puisqu'elle tend à assimiler des êtres intelligents à deux pauvres bûches; mais il faut bien prendre mes arguments dans ma propre thèse, d'autant plus qu'à mon avis rien ne rend plus fidèlement les pensées, qui s'élèvent en s'échangeant dans l'intimité, que les deux flammes qui s'unissent, et que rien ne peint mieux la pensée morose et stérile du solitaire que le fumeron boudeur qui s'éteint dans son coin. Est-il un plus agréable causeur que ce bon petit feu? Quand on est seul, tandis qu'on le tourne et retourne, au lieu de s'impatienter, il vous retrace les plus agréables souvenirs du passé, vous interroge sur les projets les plus chers et caresse avec vous vos espérances les plus douces ; et quand on est deux, il semble vous dire : « Approchez-vous un peu plus de moi, » mes enfants, afin que je vous entende » mieux et que de ma petite voix chantante, » je vous dévoile indiscrètement à tous deux » tous les petits secrets que chacun de vous » m'a confiés séparément. » On se rapproche, les cœurs se mettent de la partie, et, dame ! on se trouve si bien, l'un près de l'autre, que l'on bénit cette bonne petite chaîne, qui s'appelle l'intimité conjugale. Tout cela est bien paisible et bien simple ; mais c'est la naïveté dans toute sa douceur et le prosaïsme dans toute sa poésie. Voilà le coin du feu, mon amie, et, si vous êtes sincère, vous m'avouerez, j'en suis sûr, que de temps à autre, il vaut bien le sacrifice d'une contredanse ?...

BERTHE.

J'ai fait mieux que de vous l'avouer, je vous l'ai suffisamment prouvé en sacrifiant au plaisir de vous écouter non pas une, mais bien deux ou trois contredanses et autant de valses. (Se levant en lui tendant la main.) Êtes-vous content de moi ?

DE BEAUPRÉ, lui baisant la main.

Enchanté ! je ne désespère pas de vous convertir bientôt !

BERTHE, riant.

Oh ! vous prêchez trop bien, mon cher prédicateur, pour que je ne vous oblige pas à multiplier vos sermons. Maintenant, partons au plus vite, apprêtez-vous, pendant que je vais chercher ma sortie de bal, je vous reprendrai ici. (Le baisant de la main.) A tout à l'heure !

DE BEAUPRÉ, même jeu.

A tout à l'heure ! (Berthe sort.)

SCÈNE III

DE BEAUPRÉ, seul.

(Tout en mettant lentement son pardessus et son chapeau.)

Je ne sais pas si vous êtes comme moi ; mais il me suffit de déverser le trop plein de mon cœur, ne fut-ce que dans le sein de mes chenets ou de mes pincettes, qui ne m'entendent pas, pour me sentir totalement soulagé et de bonne humeur pour le reste de la soirée. Ainsi, je ne me fais aucune illusion, tout à l'heure j'ai fait rire ma femme, assez pour lui faire oublier son bal pendant quelques instants, incontestablement c'est un succès, mais, somme toute, j'ai prêché dans le désert; eh bien ! maintenant, je me sens néanmoins plus alerte. En définitive, Berthe a vingt ans, le bal est de son âge, elle est jolie et admirée, cela la flatte... (Souriant, se frappant une jambe avec l'autre.) et toi aussi, avoue-le donc, gros vaniteux. Il faut bien que jeunesse se passe, et au mari seul qui n'a pas péché sur ce point, je permets de jeter la pierre à sa femme !

SCÈNE IV

DE BEAUPRÉ, BERTHE.

BERTHE, recouverte d'une sortie de bal, elle s'approche d'un des fauteuils placés près de la cheminée.

Me voici, mon ami.

DE BEAUPRÉ, lui tournant le dos à demi.

Je suis à vos ordres, partons-nous ?

BERTHE, s'asseyant dans le fauteuil en rejetant sa sortie de bal et en apparaissant en peignoir élégant.

Non, c'est moi qui suis aux vôtres et je reste!

DE BEAUPRÉ, se retournant étonné.

Comment?

BERTHE, tendant la main à son mari.

Oui, près du feu!

FIN DE PRÈS DU FEU

LA CIGALE ET LA FOURMI

SAYNETTE

PERSONNAGES

LA CIGALE.
LA FOURMI.

LA CIGALE ET LA FOURMI

(Le théâtre représente l'intérieur d'une maisonnette. Porte au fond, à gauche une cheminée où flambe le feu, devant la cheminée une petite table servie, contre le pan coupé de droite, un buffet entre deux chaises de paille. Au début de la scène la Fourmi est attablée près du feu entrain de souper.)

SCÈNE PREMIÈRE

LA FOURMI, seule.

Le plancher du grenier fléchit sous le froment,
J'ai donc pour plusieurs mois de quoi garnir ma huche ;
Dans le grand pot de grès j'ai bien soigneusement
Recueilli le miel d'or que m'a donné ma ruche.
Le cidre doux repose en bas dans le cellier,
Où s'entassent les noix et les alises mûres.
Le beurre est sous le sel, le lard dans le charnier.
De gros bois, de fagots de fines épluchures
J'ai rempli le bûcher. — Neige, tu peux tomber,
Déployer sur le sol ta vaste nappe blanche
Sous laquelle tout dort et qui fait succomber

La rose sur la tige et l'oiseau sur la branche.
Au-dessus de mon âtre il m'importe fort peu
Que la bise murmure une plainte morose,
Lorsque je suis blottie en face d'un bon feu
Et que je soupe en paix dans ma maison bien close !

(On entend frapper à la porte.)

On a frappé ? comment se fait il que quelqu'un
Vienne à cette heure ?

(Elevant la voix.)

Entrez !

(A part.)

Au diable l'importun !...

SCÈNE II

LA CIGALE, LA FOURMI.

LA CIGALE, dans un accoutrement misérable, se montrant sur le seuil. Elle chante.

Air : d'*Aristippe*

Excusez-moi si je vous importune,
De la cigale ayez la compassion ;
Jamais on n'a vu pareille infortune.
Je meurs de froid et d'inanition.
Montrez, madame, une âme charitable,
A qui vous prie, à qui vous tend la main,
Et laissez-moi ramasser sous la table
Bien humblement quelques miettes de pain !

Un bon souper qui fume sur la table,
Un feu joyeux qui dans le foyer luit,
Cela dénote un heureux confortable
Qui certes doit vous mettre en appétit ;
Mais s'il vous plait de donner à votre âme
Un vrai plaisir, dont le charme est certain,
N'hésitez pas à partager, madame,
Avec le pauvre un peu de votre pain!

**

LA FOURMI, d'un ton bourru.

Partager, partager, ce mot me déconcerte !
Vous n'avez donc rien fait dans la belle saison?

LA CIGALE.

Je me suis pavanée avec ma robe verte,
J'ai du matin au soir chanté dans le gazon!

LA FOURMI.

Rien que cela ?

LA CIGALE.

Mais oui, je me suis fait entendre,
Les insectes ont fait le cercle autour de moi,
Tant ma voix était fraîche, harmonieuse et tendre!
J'étais une diva!

LA FOURMI.

Le bel honneur, ma foi,
Que de plaire aux oisifs et de l'être soi-même!
Mais en vous écoutant, je tombe de mon haut,
Et ma compassion pour vous n'est plus extrême.
La paresse, ma mie, est un vilain défaut ;

A la mendicité tandis qu'elle vous mène
Tout droit, elle vous fait perdre toute pudeur.
Vous êtes tous vraiment étonnants de sans-gêne,
Messieurs les paresseux, envers le travailleur :
Le pauvre homme, il faudra qu'il trime, qu'il s'échine,
Que le soleil le brûle et qu'il reçoive l'eau
De la pluie, il faudra qu'il laboure, qu'il bine,
Qu'il coupe le blé mûr, qu'il le batte au fléau,
Qu'il ramasse ses fruits et presse sa vendange.
Donc, son pain de l'hiver, c'est morceau par morceau
Qu'il le gagne ; à son aise est-il bien qu'il le mange ?
Non pas ! Le fainéant veut sa part de gâteau.
Il n'a rien fait, qu'importe, il a le droit de vivre,
La solidarité le veut. Quoi qu'il n'ait rien
Parce qu'il est prodigue ou parce qu'il s'enivre,
L'économe avec lui doit partager son bien !
Certes la théorie est ronflante, pompeuse
Et doit plaire ; mais moi, j'ai le petit défaut,
Vous devez le savoir, de n'être pas prêteuse ;
Vous pouvez donc chercher ailleurs ce qu'il vous faut !

LA CIGALE.

Vous êtes implacable, où voulez-vous que j'aille,
Et que puis-je entreprendre avec le froid qu'il fait ?

LA FOURMI.

En été vous chantiez et vous faisiez ripaille ?
Dansez donc maintenant en face du buffet...
C'est là mon dernier mot !

LA CIGALE.

     Vous le croyez très juste ?
Eh bien ! détrompez-vous, ma chère, il ne l'est pas ;

Car on traite d'oisifs, on blâme, on tarabuste
Bien des gens dont le rôle est utile ici-bas.
Dieu sait bien ce qu'il fait quand il crée une chose ;
Vous qui voulez juger tout par les résultats,
Allez lui demander à quoi servent la rose,
Le rossignol qui chante en mai dans les lilas,
Le papillon soyeux promenant sa parure?
Il ne daignera pas vous donner la raison
De tous les riens charmants qui peuplent la nature,
Mais moi je puis vous dire à quoi sert la chanson!
(Elle chante.)

Air : *de la Petite gouvernante.*

Celui qui fait dans une âme brisée
Rentrer la paix, l'espoir dans la prison,
Qui donne aux fleurs les gouttes de rosée,
Au travailleur a donné la chanson !
A commencer par toi, fourmi brutale,
Sans t'en douter, souviens-toi de ceci :
Par la chanson de la pauvre cigale
Ton dur labeur est souvent adouci !

Le moissonneur qui fauche dans la plaine
Les épis blonds, en suant sang et eau
Peut d'un bon poids diminuer sa peine
En écoutant le doux chant d'un oiseau !
Pour oublier les menaces du vide,
Le zingueur chante en l'air dans son chèneau ;
En fredonnant, soldat intrépide
Sur un rempart vient planter son drapeau !

Le menuisier qui pousse sa varlope,
Le forgeron qui fait crier l'airain
Et le tailleur, qui coud dans son échoppe,
Sont reposés par un joyeux refrain.
Soir et matin l'ouvrière gentille
Adresse au ciel ses plus tendres couplets
Et donne ainsi, tout en tirant l'aiguille,
A son grenier la gaîté d'un palais !

Pour qui, le soir, reste dans sa chaumine
Auprès du feu, sans aucun compagnon,
Fut-il jamais musique plus divine
Que le gentil murmure du grillon ?
Si nous charmons, gais chanteurs que nous sommes,
Cricri, cigale, allouette et pinson,
Le chansonnier fait le plaisir des hommes :
Il ne faut pas mépriser la chanson !

*
* *

LA FOURMI.

Je puis vous l'avouer, n'ayant pas l'art de feindre,
Ce que vous m'avez dit m'éclaire la raison.
Qui ne sait qu'amasser est vraiment bien à plaindre;
Car tout ce qu'il avait de généreux, de bon
Dans le cœur se dessèche, en dehors du profit
Il ne voit rien ; borné, terre à terre et rapace,
Il ne sent pas que Dieu fit bien tout ce qu'il fit
Et sut mettre ici-bas chaque chose à sa place!
Lors donc qu'à notre seuil s'arrête la misère,
Ne lui disons jamais : « Ton sort est merité ! »
Ne donnons pas un juge à qui demande un frère,
Et ne lui répondons que par la charité !

Prenez ma main, Cigale, et mettons-nous à table,
Mon modeste souper suffira bien pour deux.
En agissant ainsi je fais mentir la fable ;
Mais on pardonne tout à qui fait des heureux.
(Elles s'attablent.)

FIN DE LA CIGALE ET LA FOURMI

HYMEN OU CÉLIBAT ??

COMÉDIE-MONOLOGUE EN UN ACTE ET EN VERS

HYMEN OU CÉLIBAT ??

Le théâtre représente une chambre de garçon, au fond et perpendiculairement au pan de gauche un lit, à gauche la cheminée surmontée d'une glace, en face de la cheminée à droite une fenêtre, au fond à droite porte de sortie. — Le jeune homme est en tenue de mariage.

SCÈNE PREMIÈRE

Tel que vous me voyez dans ma cravate blanche
Je suis exactement comme un homme qui penche
Entre le suicide ou la vie!... Au dernier
Moment je ne sais pas s'il faut me marier?...
J'hésite, et cependant ma future est jolie :
Pure comme la fleur blanche de la prairie,
Elle a des yeux charmants, aussi doux, aussi bleus
Que le miroir d'azur qui lui cache les cieux;
Ses cheveux sont dorés, sa bouche est quelque chose
Qui ressemble au corail et qui prime la rose;
Sa voix a la douceur du miel le plus exquis,
Tous les charmes du monde enfin lui sont acquis :
Adorable d'esprit, ravissante au physique,
C'est à la fois Vénus et la Minerve antique.

Je passerais ma vie à l'aimer à genoux...
Mais j'ai peur au moment de devenir époux!...
Pourquoi? me dira-t-on. Ah! parce que j'hésite
A quitter pour jamais l'amante favorite
Qu'on nomme Liberté!... Pour le joyeux pinson
La belle cage étant toujours une prison,
Il la redoutera... Pourtant, il faut le dire,
Ma chaîne est ce charmant objet que je désire,
L'esclavage à ses pieds c'est la félicité...

(Se frappant le front d'un air résolu.)

Alea jacta est : Le sort en est jeté!...

(Il prend son chapeau et sort.)

SCÈNE II

(Il rentre l'air désappointé.)

Eh bien! non, non, jamais! C'était de la démence...
Dans quel gouffre j'allais jeter mon existence!...
J'allais dans le panneau donner au dépourvu,
Sans un heureux hasard. — Avez-vous jamais vu
L'ouragan appelé querelle de ménage?
Jamais échantillon aussi complet, je gage,
Ne fut offert en prime à prétendu transi
Que celui que je vis en descendant d'ici...
Cela m'a guéri net. — Madame était sortie
Sans rien dire, je crois, alors la jalousie
De monsieur mijotait; mais à l'état latent...

(Geste.)

A son nez on voyait qu'il n'était pas content.
Madame, tout d'abord, garda la défensive,

Puis, petit à petit, elle fut agressive,
Monsieur fut ricaneur, puis blessant, puis grossier,
Et chacun, pour finir, brisa le mobilier!...

    (Changeant de ton.)

J'irais me marier?... Ah! que non! Pas si bête!
Les meubles ne sont rien, mais se casser la tête
Journellement ainsi? Je n'en veux plus, c'est dit.
Et la preuve, tenez, je quitte mon habit!...

    (Il enlève une manche de son habit qu'il est sur le point de retirer
    tout à fait, lorsque se trouvant en face de la fenêtre il s'arrête
    court. — Prenant alors le coin du rideau et semblant désigner
    un appartement en face du sien, il reprend, changeant de ton.)

Tiens, voilà mes époux fâchés de tout à l'heure.
Les insensés! Chacun est dans son coin qui pleure...
C'est ma foi par trop drôle... Ils s'approchent enfin
L'un de l'autre, et voilà qu'ils se prennent la main.
Ils sont tremblants tous deux et n'osent rien se dire;
Mais à travers les pleurs luit un tendre sourire,
Semblable, après la pluie, au rayon de soleil
Qui perce le nuage et reparaît vermeil!...

    (Pose avec une stupéfaction joyeuse.)

Comment, tout est fini! Voilà que l'on s'embrasse,
Rien qu'un petit baiser a fait fondre la glace?...
Ah! mais c'est adorable, un tel rapprochement;
Si l'orage féconde ainsi le sentiment,
Je veux me marier... pour avoir des querelles,
Car les amours après renaissent bien plus belles!...

                    (Il sort tout radieux.)

SCÈNE III

(Il rentre avec un air atterré. — Après une pause.)

Me voilà revenu, cette fois, pour toujours!
Je verrais devant moi danser tous les amours
Sans me laisser tenter, à moins de crétinisme,
Après le ravissant croquis de réalisme
Qui vient de me frapper! — Un malheureux garçon,
Jeune encor, marié... de la belle façon.
Remorquait, d'un côté, péniblement sa femme
Qui traînait après elle un marmouset infâme,
Pleurnicheur et rétif... Un poupon tout petit
Chargeait son autre bras; tout à coup son habit
Se trouva submergé d'une foule de choses,
Et les allusions au fin parfum des roses
De voler des passants sur le nourricier
Qui rentre prestement chez un épicier!...
D'entrer dans des détails je n'ai pas le courage...
Quand il eut essuyé... les bonheurs du ménage,
Il repartit portant toujours son nouveau-né
Sans se douter combien il était cramponné!...
J'observais ahuri tout à travers la porte,
Et pensant qu'un beau jour je pourrais de la sorte
Me trouver empêtré : je sentis un frisson
Terrible et je me dis : « Je resterai garçon! »
Je fis donc demi-tour, et je vis ce que donnent
De soucis les enfants. — Les deux miens empoisonnent
Ma vieillesse, me dit le voisin du dessous;
J'étais aisé, mon fils m'a mangé tant de sous
Que je suis aujourd'hui presque dans la misère;

Ma fille s'est sauvée avec un militaire,
On dit que de la mode elle donne le ton,
Quand nous vivons, sa mère et moi, de miroton ! —
Je n'avais pas besoin de connaître le reste
Pour me sauver chez moi, fuyant comme la peste
Ce sinistre dessein que mon cœur trop naïf
Convoitait sous le nom pompeux de bon motif!..,

(Avec verve.)

Vive décidément la vie où l'on respire
A pleins poumons l'ivresse allant jusqu'au délire;
La crise est adorable, au moins, l'enivrement
N'a pas derrière lui le désenchantement
Des angoisses, soucis, tracas de toute sorte;
Quand on a bu son soûl on peut prendre la porte,
S'en aller en disant au revoir au plaisir
Dont on n'emportera que le doux souvenir !..

(Changeant de ton.)

Oui, mais on rentre seul par la froide soirée
D'hiver dans cette chambre où rien, à votre entrée,
Ne vient vous accueillir, ne sait vous égayer!...
Tout est noir et glacé, rien ne brûle au foyer,
Rien pour vous consoler, par un soir de tristesse,
Pas un seul de ces soins qu'il faut à la vieillesse,
Et quand arrive l'heure où vous devez mourir,
Pas un adieu chéri qui vous aide à partir!...
Ils sont grands les ennuis que cause la famille;...
Que de charmes aussi?...

(Désignant par la fenêtre une maison en face.)

       Cette petite fille,
Quand son père, lassé d'un jour laborieux,
Rentre au logis pensif et le front soucieux,
Comme elle va courir, comme elle se dépêche

De lui sauter au cou !... Sa bouche rose et fraîche
Produit sur lui l'effet d'un baume souverain,
Et je le vois alors se dérider soudain.
Sa gravité d'esprit, son flegme sont notoires ;
Eh bien ! il s'intéresse aux petites histoires
Qu'elle raconte ou même invente à sa façon !...
Déjà presque riant il rentre à la maison ;
Délicieusement sa vue est attendrie,
Alors, par son baby qui jette sa bouillie,
Gazouille et tend vers lui ses jolis petits bras
Comme pour dire : « Viens, moi je ne marche pas ! »
Il le prend, le petit lui bave sur la joue.
L'égratigne ; il en rit et tendrement avoue
Que ce bonheur qui tient à la paternité
Est le meilleur de tous quand il est bien goûté !...
Puis survient gracieuse et dans la fleur de l'âge
Celle qui fait marcher tout ce petit ménage :
Elle a tout préparé pour charmer le retour
De celui qui saura voir le doigt de l'amour
Dans le plus petit soin, dans chaque prévenance ;
C'est le règne du cœur alors qui recommence,
Tout ennui disparaît devant l'expansion
Et la force jaillit de la douce union !
— Enfin n'est-il pas bon, quand la vieillesse arrive,
Plus tard, de se sentir une amie attentive
Qui vous soigne, vous choye et vous dorlote bien ?
Au lieu de mourir seul, délaissé comme un chien.
Les yeux vous sont fermés, quand l'heure en est venue,
Par un enfant qui reste et qui vous continue ;
Si bien qu'en s'en allant il vous semble en effet
Que l'on va s'éloigner sans mourir tout à fait !

— J'étais donc tout à l'heure entaché de folie
Que je me détournais des roses de la vie

Pour une épine ou deux que je pourrais parfois
Désagréablement rencontrer sous mes doigts,
Et faut-il de la soif endurer le supplice
Parce qu'un peu de lie est au fond du calice?
L'homme doit prendre femme et Dieu qui l'a prêché
Dit de l'arbre stérile : « Il doit être arraché ! »
Allons, cher nautonier, mets-toi donc en voyage,
Et ne recule pas en songeant au naufrage ;
Vogue avec confiance et ne sois pas craintif
Si parfois la tempête ébranle ton esquif !
Tu t'embarques avec un ravissant pilote
Qui t'aidera toujours à regagner la côte,
Lorsqu'il te sourira d'aborder en doux lieu !...

    (Avec entrain.)

Puisqu'il en est ainsi, je lève l'ancre... adieu !

                          (Il sort.)

FIN DE HYMEN OU CÉLIBAT

RÉFLEXIONS
D'UN PÊCHEUR A LA LIGNE

MONOLOGUE

RÉFLEXIONS
D'UN PÊCHEUR A LA LIGNE

MONOLOGUE

J'aurais voulu bannir les procédés en vogue,
Et vous communiquer quelques réflexions
Sans employer, disons le mot, le monologue,
La plus triste, à mon sens, des institutions,
Qui plonge le diseur dans une gêne extrême,
Au point qu'il ne sait plus quoi faire de ses bras,
Qu'il paraît pédant, lui, la simplicité même,
Et qu'il semble niais, alors qu'il ne l'est pas !
Mais une conférence exige un sujet digne
De ce nom, et le mien est simplet entre tous,
Puisque je vais parler sur la pêche à la ligne
Qui, vous savez, comporte une bête aux deux bouts
D'un long bâton suivi d'une longue ficelle.
Le monologue est donc ici bien suffisant;
Car s'il m'enlève un peu ma grâce naturelle,
La pêche ne rend pas non plus bien séduisant !

Avez-vous en effet près de l'onde que ride
La brise du matin, vu parfois un pêcheur,

Le cou tendu suivant de son regard avide,
En dépit du soleil, du vent, de la fraîcheur,
Son bouchon, qui tantôt plonge, tantôt tournoie,
Selon que l'assaillant est carpe ou barbillon ?
Avez-vous vu cet œil qui court après la proie
Dans l'eau trouble où se rit de lui le carpillon ?
L'avez-vous vu cet homme, immobile, impassible,
Se dérider, croyant avoir pris un poisson,
Puis allonger le nez, prendre un air impossible,
En ne trouvant qu'une herbe au bout de l'hameçon?
Quant à moi j'ai surpris mainte déconvenue
De ce genre, et ma foi, je ne saurais cacher
Que, pour cette raison, l'idée est saugrenue,
Je saisis une ligne et me mis à pêcher !
Je n'ai pris, je l'avoue, un goujon de ma vie,
Mais, au bord du ruisseau que de réflexions,
Que d'enseignements vrais, pleins de philosophie,
Précieux à garder, et que d'inductions
A tirer, sont venus fourmiller dans ma tête !
Comment ne pas songer aux dupes d'ici-bas
Quand au lieu d'un brochet on ne prend qu'une ablette,
Quand sur les hameçons on pique les appâts
Perfides, quand tantôt l'on voit à l'artifice
Se laisser attraper un imprudent fretin.
Tantôt l'on aperçoit, avec ruse et malice,
S'échapper un poisson que l'on croyait atteint ?
Quand on songe à celui qu'il faut retirer vite,
Adroitement, de l'eau, sitôt qu'il a mordu,
A tel autre qui, lui, tourne, tâtonne, hésite
Et que l'impatient a d'avance perdu ?...
.... Ainsi, vous le voyez, j'ai retiré de l'onde,
En y jetant ma ligne, à défaut de poissons,
      Tout un monde
        De leçons !...

Pauvre goujon, quand sur l'amorce
Je te vois te précipiter
Avidement, sans te douter
Que l'asticot n'est que l'écorce
Trompeuse de ce fer crochu
Dont tu ne pourras te dépendre,
Je pense à ce jouvenceau tendre
Qui voit un jour un blanc fichu,
Voltigeant au gré de la brise,
Au-dessous de quelque chignon
Brun, et cachant un cou mignon,
Trouve que la taille est exquise.
Suit follement le court jupon,
De mille charmes s'émerveille,
S'éprend, se grise, et se réveille,
Un beau matin, pris au crampon !
Je pense à cet homme dont l'âme
Est pleine de transports charmants,
Qui met ses beaux accoutrements
Et part pour aller prendre femme !
Regardez comme il est joyeux,
Que sa future est ravissante,
Dieu, quelle amorce appétissante
Et comme il la mange des yeux !
Le reflet de la bonté brille
Dans l'œil de la belle-maman
Et du père... en ce doux moment
Il épouserait la famille
Tout entière, s'il le fallait ;
Car il lui faut celle qu'il aime.
Dans cette meringue à la crème
Il lui tarde fort, s'il vous plait,
De mordre !! Enfin voici l'heure
Du berger ;... mais, vlan, patatras

La belle n'est qu'un échalas
Grincheux, et sa dot est un leurre ;
On apprend que le beau-papa
Est homme on ne peut moins intègre,
La belle-mère est un vinaigre...,
Et l'on ne peut sortir de là !!

Je songe à toi, fillette blonde,
Au long et doux regard d'azur,
Dont le cœur virginal et pur
Ignore les choses du monde !...

Tu vas bientôt avoir seize ans,
Tu ne hais pas les moustaches,
Et parfois, dit-on, tu te caches
Pour pouvoir lire des romans?
Certes, je ne dis pas, fillette,
Que ce soit un crime bien gros
Que de façonner des héros
Charmants et braves dans sa tête ;
Mais c'est fort imprudent, vois-tu :
Distinguer la fausse monnaie,
En fait d'amour, d'avec la vraie
Est difficile à la vertu !...
Tu ne peux voir l'aspic qui rampe
Sous les discours et sous les fleurs,
Tu te laisses prendre aux couleurs,
Tu t'approches trop de la lampe
Qui t'éblouit de ses rayons ;
Et, conséquences bien cruelles,
Tu viens y brûler tes deux ailes
Comme les pauvres papillons !...
A vous qui mordez à la Bourse
J'ai dû penser aussi parfois ;

Vous vous mordez surtout les doigts
Quand votre banquier prend sa course
Avec votre argent regretté,
A travers le grand Atlantique
Et s'en va vivre en Amérique
Sous ce ciel de la liberté !...

Comment enfin de ma pensée
Aurais-je pu te bannir, toi,
Que, sans trêve, tient en émoi
Une ambition insensée ?...
Agriculteur, homme lettré,
Ex-industriel ou notaire,
Tu t'étais bien tiré d'affaire,
Ton nom était considéré ;
Tu vivais paisible et modeste
Entouré de tous les bonheurs
Domestiques, quand des honneurs
Tu ressentis la soif funeste.
En voulant, pauvre homme d'Etat,
Grimper à la chaise curule,
Sur la dalle du ridicule
Tu rebondis avec éclat !!

Puisque des faits, des fables et des drames
Doit ressortir un précepte moral,
Nous poserons ce principe final :
Les agréments, les toilettes des femmes,
Les airs naïfs, les regards langoureux,
La bonhomie et l'entrain des beaux-pères
Le ton aimable et doux des belles-mères,
Les beaux serments, les propos d'amoureux,
L'ami nouveau qui trop bien nous accueille
Le dividende étonnant, excessif,

L'attrait puissant du mandat électif
Et le riant chagrin du portefeuille...
Cachent aux yeux de cruels hameçons ;
... Nous ne valons pas mieux que les poissons !!

FIN

MUSIQUE DES COUPLETS

DE

RIQUET A LA HOUPPE et de LA CIGALE ET LA FOURMI

MUSIQUE DE RIQUET A LA HOUPPE

TABLE

RIQUET A LA HOUPPE.................................... 1
LE RAT DE VILLE ET LE RAT DES CHAMPS......... 63
UN BIENFAIT N'EST JAMAIS PERDU................... 99
LES ÉTRENNES DE MARGUERITE...................... 125
UN VOL A L'AMÉRICAINE............................... 147
ZOUZOU.. 187
PRÈS DU FEU... 207
LA CIGALE ET LA FOURMI.............................. 225
HYMEN OU CÉLIBAT..................................... 235
RÉFLEXIONS D'UN PÊCHEUR A LA LIGNE........... 245

Imprimerie de Poissy — S. Lejay et Cie.

www.ingramcontent.com/pod-product-compliance
Lightning Source LLC
Chambersburg PA
CBHW050341170426
43200CB00009BA/1676